Hier hat der berühmte Krieger und
Menschenhändler Tamango etwa 30 Sklaven
an Kapitän Ledoux verkauft.
Das Geschäft ist mit Schnaps kräftig begossen
worden. Am Morgen taucht Tamango aus
den Alkoholschwaden auf und bemerkt, daß er im
Rausch eine seiner eigenen Frauen verkauft hat:
Ayché, seine Lieblingsfrau …

Das Sklavenschiff setzt bereits Segel. Verrückt vor Schmerz und Zorn, springt Tamango in ein Boot. Er erreicht die „Espérance" und versucht zu verhandeln.

Die Gelegenheit für den Kapitän des Sklavenschiffs ist zu günstig. Er läßt den großen und starken Tamango ergreifen und in den Laderaum werfen.

Eines Morgens bemerkt Tamango auf dem Deck Ayché. Sie wirkt munter und aufgeräumt. Sie ist die Geliebte von Kapitän Ledoux geworden. Das Blut Tamangos wallt auf. Mit gemartertem Herzen, aber mit einem Gesicht, das genauso stolz, genauso entschlossen ist wie zu der Zeit, als er noch ein freier Mann war, geht er an Ayché vorbei, ohne sie anzusehen. Sie aber ist außer sich, wirft sich ihm flehend zu Füßen.

„Verzeih mir, Tamango, verzeih mir!" ruft sie verzweifelt.
Da sieht Tamango sie lange an, eine ganze Minute.
„Eine Feile!" befiehlt er, bevor er von seinen Wächtern
ergriffen wird. Am nächsten Morgen, als Ayché an ihm
vorbeigeht, wirft sie ihm einen Zwieback zu.
Dabei gibt sie ihm ein Zeichen, das nur er versteht.
Im Zwieback ist eine Feile.

Nach und nach gelingt es Tamango, seine Ketten, dann die seiner Leidensgenossen aufzufeilen. Die Verschworenen, durch einen feierlichen Eid verbunden, bemächtigen sich unter der Führung Tamangos der Waffen ihrer Wächter. Einige schleichen sich zur Kabine des Kapitäns, um sich die Waffen dort zu holen …

Tamango stößt einen lauten Schrei aus. Die Stunde der Rache und Freiheit ist gekommen. Der Wachoffizier und der Werkmeister, der die Schlüssel zu den Ketten besitzt, sterben als erste. Dann überschwemmt eine Welle von Schwarzen das Oberdeck. Jene, die keine Waffen finden konnten, kämpfen mit Rudern.

Auf dem Höhepunkt der Schlacht bemerkt Ledoux, triefend vom Blut der Schwarzen, die er getötet hat, Tamango. Er begreift, daß Tamango das Herz der Verschwörung ist, stürzt ihm säbelschwingend entgegen und ruft laut seinen Namen. Tamango hält ein Gewehr am Lauf und schwingt es wie eine Keule. Die beiden Anführer treffen auf der Laufplanke, dem engen Steg, der Vorder- und Achterdeck verbindet, aufeinander. Der Hand des Kapitäns entgleitet der Säbel. Tamango ergreift ihn und durchbohrt seinen bereits sterbenden Feind, dann erhebt er sich und stößt einen lauten Siegesschrei aus. Bis zum letzten Mann werden die Weißen in Stücke gehauen und ins Meer geworfen. Aber die Geschichte ist noch nicht zu Ende.

Die Schwarzen können das Schiff nicht steuern.
Bei einem unglücklichen Manöver brechen die beiden
Masten. Von Panik ergriffen, werfen sich die Schwarzen in
die Rettungsboote, die überladen kentern. Die wenigen
Überlebenden, denen es gelingt, das Schiff wieder zu
erreichen, sterben in den folgenden Tagen an Hunger und
Durst. Einige Wochen später bemerkt ein englisches

Schiff, das in den Gewässern kreuzt, ein richtungslos treibendes Schiff ohne Masten und Segel. Der einzige Überlebende hat ein gerade noch menschliches Aussehen. Abgezehrt, gebrochen, fast tot. Er sitzt am Fuß des zerbrochenen Masts. Er spricht nicht mehr, bewegt sich nicht mehr. Es ist Tamango.

Nach Prosper Mérimée, „Tamango"

Jean Meyer, geboren am 11. November 1924,
studierte Geschichte und promovierte über den Adel
in der Bretagne des 18. Jahrhunderts.
Von 1966 bis 1978 war er Professor für moderne
Geschichte in Rennes, seit 1978 unterrichtet er moderne
Geschichte an der Sorbonne.

Deutsche Textfassung: Bettina Wiengarn
Wissenschaftliche Bearbeitung:
Dr. Michael Berger, Historiker, und
Frank von Berger, Ethnologe

CIP-Titelaufnahme der Deutschen Bibliothek

Sklavenhandel / Jean Meyer.
[Dt. Textfassung: Bettina Wiengarn. Wiss. Bearb.: Michael Berger
u. Frank von Berger]. – Dt. Erstausg. –
Ravensburg: Maier, 1990
(Abenteuer Geschichte; Bd. 6)
Einheitssacht.: Esclaves et negriers <dt.>
ISBN 3-473-51006-8
NE: Meyer, Jean [Mitverf.]; Berger, Michael [Bearb.]; EST; GT

ABENTEUER GESCHICHTE

Deutsche Erstausgabe als Ravensburger Taschenbuch
© 1990 Ravensburger Buchverlag Otto Maier GmbH

Die Originalausgabe erschien unter dem Titel
„Esclaves et Négriers" © 1988 Editions Gallimard, Paris

Redaktion der deutschen Fassung: Martin Sulzer

Alle Rechte dieser Ausgabe vorbehalten durch
Ravensburger Buchverlag Otto Maier GmbH
Satz: Eduard Weishaupt, Meckenbeuren
Printed in Italy by Soc. Editoriale Libraria

5 4 3 2 1   94 93 92 91 90

ISBN 3-473-51006-8

SKLAVENHANDEL

Jean Meyer

Otto Maier Ravensburg

Erstes Kapitel
DIE ANFÄNGE DES SKLAVENHANDELS

Die Geschichte der Menschheit ist, zumindest seit der Zeit der ersten schriftlichen Zeugnisse, die wir kennen, auch eine Geschichte der Sklaverei. Seit Urzeiten werden Menschen als rechtloses Eigentum anderer unterdrückt und mißbraucht.

Der lange Marsch der in Ketten gelegten Menschen durch den afrikanischen Busch. Diese Gravur (links) aus dem 17. Jahrhundert zeigt die erste Etappe der „Reise". Seit dem 15. Jahrhundert müssen die schwarzen Sklaven ihre Heimat in Afrika verlassen, um auf Sklavenschiffen nach Amerika transportiert zu werden. Rechts, auf einem Stich des 19. Jahrhunderts, fesselt ein Händler die Hände einer Sklavin, wie es bereits in der Antike üblich war.

16 DIE ANFÄNGE DES SKLAVENHANDELS

In der Antike sind die Sklaven fast immer Weiße.

Ein Sklave gehört mit Haut und Haar seinem Herrn. Dieser besitzt alle Rechte über ihn, kann ihn verkaufen oder töten: Ein Sklave gilt nicht mehr als ein Haustier oder Möbelstück. Bei den Sumerern, vor 4000 Jahren, zieht man ihnen sogar gleich Stieren einen Ring durch die Nase.

Die Sklaven der Antike sind meistens Weiße. In Griechenland und Rom werden entweder Bürger versklavt, die ihre Schulden nicht mehr bezahlen können und deshalb durch ein Gericht zur Sklaverei verurteilt werden, oder Kriegsgefangene. Afrikanische Sklaven sind die Ausnahme.

Die Einführung der Sklaverei im antiken Griechenland bewirkt nicht nur die wirtschaftliche Blüte insbesondere von Athen, sondern trägt wohl auch mit zur Ausbildung eines philosophisch durchdachten Staatswesens bei: Die „Freizeit", über die die entlasteten Bürger nun verfügen, läßt ihnen Muße, sich politisch zu betätigen …

In der Antike besitzen nur zwei Völker eine kleine Zahl von schwarzen Sklaven: die Karthager und die Ägypter. Da die Sahara ein schwer zu überwindendes Hindernis darstellt, spielen sie jedoch wirtschaftlich nie eine große Rolle.

Im Römischen Weltreich ist die Zahl der Sklaven sehr hoch. Dort werden sie vor allem in den *Latifundien* * eingesetzt. In der Blütezeit des Römischen Reichs ernähren 400000 Sklaven 20000 Bürger, d. h. auf einen Bürger

Wie die obenstehenden Miniaturen bezeugen, bleiben die Mittelmeerländer Europas während des Mittelalters in Kontakt mit Schwarzafrika. So gibt es z. B. die Legende des christlichen Königs Johannes, der in Äthiopien regiert haben soll (nach anderen Quellen „hinter Armenien und Persien"). Doch es gibt durchaus auch in der Realität Kontakte mit Afrikanern: Schwarze Sklaven finden sich sowohl in Genua und Venedig als auch in den spanischen und portugiesischen Häfen. Rechts eine häufige Darstellung eines Afrikaners: die Figur Balthasars, des schwarzen der Heiligen Drei Könige, aus dem Gemälde „Die Heiligen Drei Könige" von Albrecht Dürer (1471–1528). Balthasar symbolisiert den schwarzen Teil der von Christus erlösten Menschheit.

---

* *kursive Begriffe* **siehe Glossar Seite 169.**

ALS DIE SKLAVEN NOCH WEISS WAREN

Im Altertum sind schwarze Sklaven selten. Diese antike Bronze (oben) steht heute im Louvre in Paris. Die antike Welt ist in ihrer Gesamtheit eine Sklavenhaltergesellschaft. Die einzelnen Herrschaftsgebiete unterscheiden sich jedoch in ihren Praktiken: In den orientalischen Reichen wird die gesamte Bevölkerung eines eroberten Gebiets unterschiedslos versklavt. In der griechisch-römischen Welt gilt die Versklavung von Griechen und Römern als skandalös, vor allem nachdem die Schuldsklaverei abgeschafft ist.

DIE ANFÄNGE DES SKLAVENHANDELS

kommen 20 Sklaven. Daraus entstehen nicht unbeträchtliche Probleme, wie der Sklavenaufstand des Eunus (136 – 132 v. Chr.), in dessen Folge 20 000 Sklaven gekreuzigt werden, und der Spartacus-Aufstand (73 – 71 v. Chr.) beweisen.

Im Mittelalter gibt es in Europa kaum noch Sklaven, da sie durch die Leibeigenen, die eine vergleichbare Stellung in der Gesellschaft einnehmen, ersetzt werden. Das Los der Leibeigenen ist jedoch nicht mit dem der Sklaven zu vergleichen: Sie sind nicht mehr persönliches Eigentum eines Menschen, sondern „nur" noch Bestandteil des Grundeigentums. Wenn überhaupt, kommen die Sklaven nur noch aus den slawischen Ländern.

Der holländische Stich von 1684 (unten) zeigt den Sklavenmarkt von Algier. Auf den nordafrikanischen Märkten werden weiße Sklaven verkauft, die von Piraten an der Mittelmeerküste gekidnappt oder aus den Ebenen Südrußlands geraubt werden. Aber man handelt auch mit schwarzen Sklaven, die Kamelkarawanen von jenseits der Sahara mitbringen.

LEIBEIGENE UND GALEERENSKLAVEN

Erst mit der Eroberung der Südküste des Mittelmeers durch die Moslems kommt es zu einem neuen Abschnitt in der Geschichte der Sklaverei. Vom Ende des Mittelalters bis zur Zeit Ludwigs XIV. sind die Galeerensklaven (an ihre Bänke gekettete Ruderer) der christlichen Länder meist Kriegsgefangene aus islamischen Ländern.

Die Moslems ihrerseits verkaufen christliche Gefangene. Zu Beginn des 17. Jahrhunderts gibt es in den afrikanischen Häfen zwischen Marokko und Libyen insgesamt 200 000 bis 300 000 christliche Sklaven.

Die Entwicklung des Handels im Mittelmeerraum erfordert starke Arme: Angekettet läßt man Sträflinge und Sklaven die Galeeren rudern und treibt sie mit Peitschen an. Die christlichen Länder beziehen ihre Sklaven aus den Häfen von Genua und Livorno. Malta ist der größte Sklavenumschlagplatz im Mittelmeer. Die maghrebinische Sklavenwirtschaft befindet sich am Ende des 17. Jahrhunderts im Verfall, nachdem noch zwischen 1600 und 1630, der großen Zeit der algerischen Seeräuber, auf dem Mittelmeer ganze Schiffsbesatzungen erbeutet und in die Sklaverei verkauft worden sind. Auf diese Weise versorgten sich die islamischen Länder mit Ruderern, Eunuchen, Frauen und Technikern.

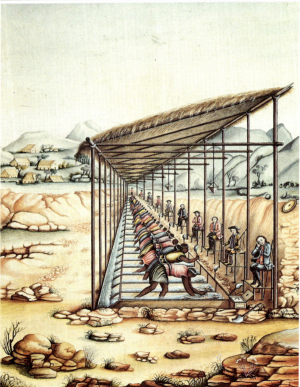

Zwei anachronistische Sichtweisen der Sklaverei vom Ende des 19. Jahrhunderts: Die Bilder sind typisch für die Vorstellung vom „guten Schwarzen". Auf dem oberen Bild tanzen die Sklaven und spielen auf afrikanischen Instrumenten. Das Saiteninstrument ist ein „molo" der Haussa und die Trommel ein Instrument der Yoruba, das „gudugudu". Der untere Stich ist charakteristisch für die antispanische Propaganda, wie sie vor allem im angelsächsischen Bereich verbreitet ist. Sie soll die Ausbeutung in den „placer" (spanisch: Goldwäschereien) auf den Antillen gegen Ende des 16. Jahrhunderts darstellen. Aber zu der Zeit sind die Goldvorkommen dort bereits erschöpft, und die Arawak-Indianer, die man gezwungen hat, hier zu arbeiten, sind durch eingeschleppte Seuchen ausgerottet. Dafür werden am Ende des 17. und zu Beginn des 18. Jahrhunderts schwarze Sklaven in den Goldminen Brasiliens eingesetzt. Nebenbei sei bemerkt, daß die Weißen niemals zahlreich genug gewesen wären, die Sklaven einzeln zu beaufsichtigen.

Der eigentliche Negersklavenhandel beginnt mit dem Bedarf der Europäer an Arbeitskräften für ihr Kolonialreich.

Seitdem im 15. Jahrhundert die Portugiesen auf ihren Entdeckungsfahrten die Westküste Afrikas erkunden, beginnen sich feste Handelsbeziehungen zu Schwarzafrika zu etablieren. Diese umfassen zunächst vor allem Gold, Pfeffer sowie Elfenbein, doch nur vereinzelt Sklaven.

Erst gegen 1660, als die amerikanischen Plantagen mit in den Handel einbezogen werden, blüht das Geschäft des Sklavenhandels auf. Da die Arbeit eines Sklaven billiger ist als die eines weißen Arbeiters, verbreitet sich die Praktik, Sklaven zu halten. Damit beginnt eine der weitreichendsten Völkerverschleppungen der Menschheitsgeschichte: Insgesamt werden etwa 12 bis 15 Millionen Männer und Frauen deportiert.

Während die Spanier und Portugiesen dank ihrer Entdeckungsfahrten bereits im 16. Jahrhundert ein beachtliches Kolonialreich errichten, folgen Holland, England und Frankreich ab dem 17. Jahrhundert, später auch Deutschland, Italien und Belgien. Alle Kolonialmächte praktizieren eine Politik, die man *Merkantilismus* nennt: die Einfuhr von möglichst preiswerten Rohstoffen bei einer größtmöglichen Ausfuhr von Fertigprodukten. Die Kolonien liefern dem Mutterland, was es selbst nicht produzieren kann: Pflanzen, die in einem gemäßigten Klima nicht wachsen, die aber im tropischen Klima in großem Umfang angebaut werden können. Das sind vor allem Zuckerrohr, Kaffee, Kakao, Reis, Tabak und Indigo. Und als Arbeitskräfte eignen sich, wie man schon bald feststellt, besonders Schwarze, da sie das tropische Klima viel besser als die Weißen ertragen ...

Innerhalb weniger Jahre kommen auf den spanischen und portugiesischen Zuckerrohrplantagen der Kanarischen Inseln, Madeiras und der Azoren etwa 10 000 Sklaven aus dem Senegal, aus Mauretanien und vom Golf von Guinea an. Bald darauf baut man auch auf den portugiesischen Inseln im Golf von Guinea Zuckerrohr an: São Tomé, Fernando Po und Principe werden eine Zeitlang die Hauptzuckerproduzenten der Welt. Innerhalb eines Jahrhunderts lassen die Portugiesen mehr als 75 000 Schwarze von den nahe gelegenen afrikanischen Küsten anlanden. Zu Beginn des 17. Jahrhunderts werden 300 000 aus Afrika stammende Sklaven auch nach Amerika „geliefert".

Zwei Worte charakterisieren die Geschichte menschlicher Ware: „Sklaverei" und „Neger". Diese Worte sind nacheinander entstanden. Im Lateinischen wurde der Sklave „servus" genannt, woraus sich das französische „serviteur" (Diener) und das deutsche „servieren" entwickelt haben. Noch in unseren Tagen sagt man in einigen Ländern, wie z. B. in Österreich, „Servus" für „Guten Tag" oder in Frankreich zuweilen „votre serviteur" („Ihr Diener"), wenn man von sich selbst spricht. Im Hochmittelalter haben sich die Lebensbedingungen des ländlichen Sklaven verbessert. In der merowingischen Zeit wird er Leibeigener und auf ein Stück Land geschickt, das er zu bearbeiten hat: als servus casatus, „schollenpflichtiger Höriger". Doch man muß den Leibeigenen vom klassischen Typ des Sklaven unterscheiden, den es daneben auch gibt. Den letzteren nennt man „slavus", denn die meisten Sklaven der westlichen Welt kommen im Mittelalter aus den slawischen Völkern Osteuropas. Das Wort „Neger" kommt vom spanischen „negro", schwarz, und wird vor allem seit Beginn des 18. Jahrhunderts gebraucht. Der französische Ausdruck „négrier", Sklavenhändler, stammt aus derselben Zeit (1752).

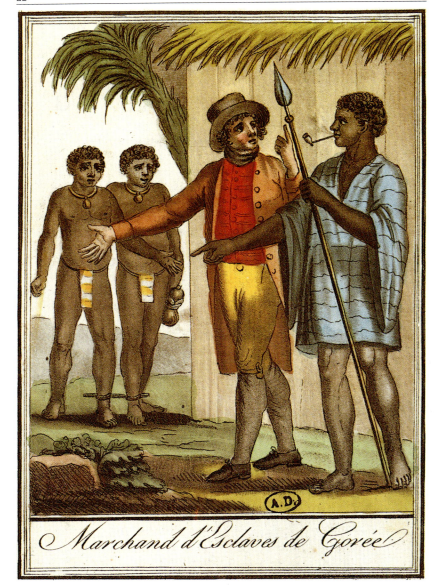

Marchand d'Esclaves de Gorée

Zweites Kapitel
AUF DEM WEG ZUM GROSSEN NEGERSKLAVENHANDEL

Schon der in spanischen Diensten stehende Christoph Kolumbus bringt bei seiner zweiten Reise im Jahr 1493 eine Schiffsladung Schwarzer mit auf den amerikanischen Kontinent. Aber es sind die Portugiesen, die das System erst wirklich in Gang bringen: Um den Zuckerrohranbau in Brasilien anzukurbeln, lassen sie in großem Umfang Schwarze heranschaffen.

Gorée, eine kleine, in der Bucht von Dakar gelegene Insel, ist das Zentrum des französischen Sklavenhandels im Senegal. Auf diesem Bild (links) sieht man im Vordergrund einen weißen und einen schwarzen Händler, beide bekleidet. Die beiden Sklaven im Hintergrund tragen nur einen Lendenschurz. Sie sind durch ein Fußeisen aneinandergefesselt.

24 AUF DEM WEG ZUM GROSSEN NEGERSKLAVENHANDEL

Nachdem Spanier und Portugiesen in der Karibik zunächst auf die Einheimischen als Arbeitskräfte zurückgreifen, sehen sie sich durch das Aussterben vieler Indianerstämme und durch die Mitte des 16. Jahrhunderts erlassenen Indianerschutzgesetze verstärkt gezwungen, auf afrikanische Arbeitskräfte zurückzugreifen. Zusammen mit Franzosen und Engländern, die sich inzwischen vor allem im Nordosten der Karibik ihren eigenen Einflußbereich geschaffen haben, lassen sie im 16. Jahrhundert 300 000, im 17. Jahrhundert mehr als 1,5 Millionen Sklaven aus Afrika „importieren".

Im 18. Jahrhundert entsteht die Arbeitsform der großen Sklavenplantagen.

Zwischen Rio de Janeiro im Süden und der Chesapeake Bay im Norden gewinnt die Sklavenplantage mehr und mehr an Bedeutung. Die ohnehin schon hohe Zahl der nach Südamerika importierten Sklaven steigt im 18. Jahrhundert auf mehr als 6,5 Millionen an. Dazu kommen die zahlreichen weißen Auswanderer aus Europa, die in den 13 neuenglischen Kolonien ankommen. Auf den Inseln der Karibik hingegen herrscht ein tropisches Klima: Hitze und Feuchtigkeit fördern die Ausbreitung von Epidemien. So enden in Guyana alle Ansiedlungsversuche bis ins 19. Jahrhundert in regelrechtem Massensterben. In Französisch-Guyana kommen im Lauf der Jahrhunderte mehr als 100 000 Franzosen durch Epidemien ums Leben.

PLANTAGENWIRTSCHAFT 25

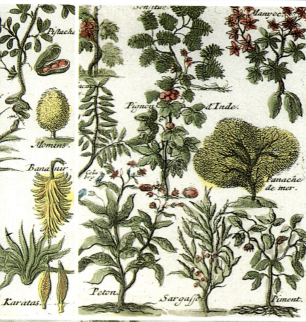

Die vier Illustrationen aus dem Werk des Paters Jean-Baptiste du Tertre, eines französischen Botanikers und Reisenden des 17. Jahrhunderts, vermitteln ein Bild von der erstaunlichen Schönheit der Neuen Welt.
Oben sind die wichtigsten Pflanzen dargestellt, die in Amerika neu entdeckt werden. Der Kontrast zwischen den beiden Gravuren unten ist frappierend: links eine idyllische Ansicht zweier Personen auf den Antillen, die an Adam und Eva erinnern – ein Paradies auf Erden. Rechts die Wirklichkeit auf der Zuckerrohrplantage: die Zwangsarbeit. Der Zeichner betont die beiden Pole der halbmechanisierten Arbeit der Sklaven. So sieht man im Hintergrund die Mühle zum Mahlen des gerade geschnittenen Zuckerrohrs und im Vordergrund die Kessel, in denen der Sirup verkocht wird.

26 AUF DEM WEG ZUM GROSSEN NEGERSKLAVENHANDEL

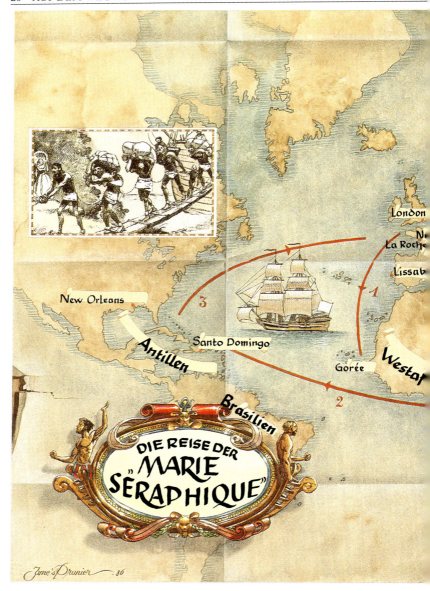

Der Dreieckshandel

Der Dreieckshandel Europa-Afrika-Amerika kennt mehrere Varianten. Der portugiesische Handel verbindet direkt den Golf von Guinea und Angola mit Brasilien: Das ist der kürzeste und schnellste Weg. Er ist am wenigsten kostspielig – sowohl an Kapital als auch an Menschenleben. Die durchschnittliche Dauer dieser Reise beträgt 18 Monate. Im Lauf des 17. und 18. Jahrhunderts ändert sich die Rangfolge der im Sklavenhandel tätigen Länder: Zu Beginn dominieren die Engländer und Holländer. Der französische Handel beginnt erst spät (1673) und in kleinem Maßstab. Dafür überflügelt Frankreich im 18. Jahrhundert Holland bei weitem und wird, nach England, die zweite große Sklavenhandelsnation. Mehrere andere Länder wie Schweden und Dänemark sind ebenfalls in kleinem Umfang im Sklavenhandel tätig. Spanien und Portugal betreiben kaum mehr Sklavenhandel. Schließlich nimmt Brasilien einen immer größer werdenden Platz ein und wird eine Zeitlang, zu Beginn des 19. Jahrhunderts, die wichtigste Nation im „Ebenholz"-Handel.

AUF DEM WEG ZUM GROSSEN NEGERSKLAVENHANDEL

Kaffee, Tabak, Zucker:
In Europa kommen Waren aus den Kolonien in Mode.

Im 18. Jahrhundert kommen in Europa die „Kolonialwaren" – tropische Produkte – in Mode: Kaffee, Tabak und Zucker, Kakao und Färbepflanzen wie Indigo, schließlich noch Baumwolle und Reis. Adel und Volk, die ganze Gesellschaft steht im Bann der neuen Produkte, obwohl – oder gerade weil – sie anfänglich sehr teuer sind, da sie von weither kommen. Vor allem Tabak und Rohrzucker erfreuen sich großer Beliebtheit. Sehr schnell werden aus diesen Moden Gewohnheiten und aus den Gewohnheiten „Bedürfnisse". Im 18. Jahrhundert entdecken die Europäer ihre Leidenschaft für das „französische Frühstück": gezuckerten Milchkaffee. Dafür brauchen sie Kaffee und Zucker. Und um die Nachfrage befriedigen zu können, braucht man mehr und mehr Sklaven, die auf den Plantagen in Nordamerika, Westindien und Brasilien arbeiten...

Der Dreieckshandel:
ein lukratives Geschäft für die Regionen.

Auf dem Atlantik entwickelt sich ein gigantischer Handelsverkehr: der berühmte *Dreieckshandel*, der in drei Etappen abläuft.

Erste Etappe: von Europa nach Afrika. In Europa werden die Schiffe mit Tauschwaren beladen, die für den Kauf der Sklaven bestimmt sind. Dafür wählt man vor allem Kupfer- und Eisenwaren, Waffen, Pulver und allerhand billigen Tand wie z. B. Glasperlen. Dazu kommen noch eine Menge Stoffe, die in Europa speziell für den afrikanischen Markt hergestellt werden. Schließlich führen die Sklavenhändler auch immer zur Hälfte mit Wasser gepanschten Schnaps mit, der nicht nur als Handelsware dient, sondern auch den Verlauf der Verhandlungen beeinflussen soll.

Die Europäer tauschen ihre Waren bei den Stammesfürsten entlang der Westküste Afrikas zwischen Gorée, einer kleinen Insel vor Dakar, und Angola gegen „Ebenholz" (Deckname für die schwarzen Sklaven in Anspielung

Kakao trinken wird im Europa des 18. Jahrhunderts der letzte Schrei, wie es das venezianische Gemälde (oben) zeigt. „Aber", so bemerkt der französische Philosoph Voltaire, „wenn der hohe Verbrauch von Kaffee, Zucker, Tabak und Schokolade ein Zeichen für den Fortschritt Europas ist, so ist er auch die Ursache des Negersklavenhandels..." Im Gegensatz zum Tabakanbau, der auch von Weißen allein auf kleinen Anwesen betrieben werden kann, fordert die Zuckerrohrpflanzung hohen Kapitaleinsatz und zahlreiche Arbeitskräfte. Links oben eine Kaffeepflanze, rechts unten eine Tabakplantage. Im Jahr 1789 gibt es in Santo Domingo 783 Zuckerrohrplantagen, 3 117 Kaffeeplantagen, 3 151 Indigoplantagen und 789 Baumwollplantagen. Rechts oben das Sklavenkontor in Gorée, das außergewöhnlich komfortabel ist: Die Mehrzahl der europäischen Sklavenhandelsstationen in Afrika sind ärmlicher.

DIE KOLONIALWAREN KOMMEN IN MODE

auf die schwarze Farbe des Holzes) ein. Neben den europäischen Waren dienen bei den Geschäften auch *Kaurimuscheln* als Zahlungsmittel. Diese Seeschneckenart stammt aus dem Indischen Ozean und ist seit der Antike als eine Art Geld in Gebrauch.

Sofern in den Laderäumen der Schiffe noch Platz ist, laden die Kapitäne lokale Produkte wie Gummi, Elfenbein und Edelholz.

Zweite Etappe: von Afrika nach Amerika. Die Sklaven werden unter schlimmsten Bedingungen über den Atlantik auf die Antillen und in die englischen Kolonien, die an der Südostküste der heutigen USA liegen, transportiert. Einige Schwarze gelangen sogar bis in das spanische Kolonialreich nach Mexiko, Peru, Kolumbien und Venezuela sowie in das unter portugiesischer Herrschaft stehende Brasilien.

In Amerika werden die Sklaven – soweit sie die Überfahrt überlebt haben – zu höchstmöglichen Preisen versteigert. Der Verkauf geschieht in sogenannten *Blöcken*, d.h., die Händler mischen gesunde und kranke Sklaven in festen Gruppen. Bezahlt wird selten mit Geld, sondern zumeist mit Wechselbriefen oder tropischen Produkten.

Dritte Etappe: von Amerika nach Europa. Nach dem Verkauf der Sklaven tritt der Sklavenhändler seine Rückreise nach Europa an. Die Laderäume seines Schiffes sind berstend voll mit Kolonialwaren, die in Europa teuer bezahlt werden. Der Zucker und der Kaffee, den die Sklavenhändler aus den Kolonien mitbringen, wird nur zum Teil von den Kolonialmächten selbst verbraucht. Der Überschuß wird in das übrige Europa weiterverkauft, vor allem in das Baltikum und nach Mitteleuropa. Aus diesem Grunde beruht z. B. der französische Handel im

„Ich weiß nicht, ob Kaffee und Zucker für das Glück Europas notwendig sind, aber ich weiß sehr wohl, daß diese beiden Pflanzen das Unglück zweier Erdteile waren. Man hat Amerika entvölkert, um Boden zur Anpflanzung zu haben; man hat Afrika entvölkert, um eine Nation zu haben, die ihn bebaut."
Bernardin de Saint Pierre, „Reise zur Ile de France" (1768/1770)

18. Jahrhundert in hohem Maße auf dem Export importierter Güter. Allein der Kaffee stellt ein Fünftel des Gesamtwerts der französischen Exporte in andere europäische Länder. Das Ziel der merkantilistischen Politik ist erreicht: Dank der Kolonien erzielt das Mutterland einen Überschuß, aus dessen Erlös wiederum günstige Importwaren eingekauft werden können.

Der Gewinn aus dem Dreieckshandel wird indessen oft erst am Ende der Reise, die mehrere Jahre dauern kann, sichtbar. Dann ziehen die Händler Bilanz. Nur etwa 15 – 20 % der Reisen sind ein Verlustgeschäft.

In Amerika ist die Versklavung von Menschen älter als der Sklavenhandel. Wie es dieser gegen Spanien gerichtete französische Stich aus dem 16. Jahrhundert (unten) zeigt, unterjochen die Conquistadores seit dem Ende des 15. Jahrhunderts die Indianer der Antillen und der südamerikanischen Hochebenen, um sie für die Ausbeutung der Goldminen zu benutzen. Diese Art der Goldgewinnung ist sehr teuer und lohnt sich nur bei großen Mengen Gold.

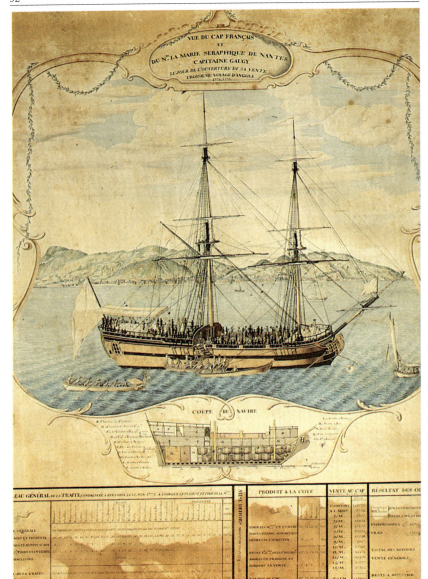

Drittes Kapitel
DER AFRIKANISCHE HANDEL

Um Sklavenhandel treiben zu können, muß man über viel Kapital verfügen. Ein Sklavenhandelsschiff kreuzt manchmal mehr als zwei oder drei Jahre auf dem Ozean, ohne zu seinem Heimathafen zurückzukehren. Man braucht ein gutes Schiff, eine erprobte Mannschaft und genügend Tauschwaren. Aber vor allem braucht man einen tüchtigen Händler.

Das Aquarell links zeigt die „Marie Séraphique", ein Sklavenhandelsschiff aus Nantes, um 1775 an der Küste von Cap Français, einem Hafen auf Haïti. Meistens handelt es sich um einfache Handelsschiffe, die für den Transport von Schwarzen umgebaut werden. Aber man baut auch Schiffe eigens für den Dreieckshandel. Unter dem Aquarell kann man eine Liste mit Alter, Herkunft und Kaufpreis der Sklaven an Bord erkennen.

34 DER AFRIKANISCHE HANDEL

Was sind die Sklavenhändler für Menschen? Sind sie eine Art von Piraten, die am Rande der Gesellschaft einen geächteten Beruf ausüben wie Henker und Gefängniswärter? Wer sind die Leute, die mit der Ware Mensch Handel treiben?

Der Sklavenhändler: Monster oder braver Geschäftsmann?

Im Gegensatz zu einer weitverbreiteten Meinung sind die Sklavenhändler des 17., 18. und 19. Jahrhunderts keine wilden Bestien, sondern geachtete Bürger aus Bordeaux, Marseille, London, Bristol, Kopenhagen oder Lissabon. Sie stammen auch aus den untersten Schichten, denn der Überseehandel ist eine der Möglichkeiten zum sozialen Aufstieg. Und der Sklavenhandel bietet die Möglichkeit, schnell sehr reich zu werden.

Nicht wenige Händler beginnen ihre Karriere als einfache Kapitäne und werden später in den Adelsstand

Vor der Ausschiffung werden die Sklaven, die an der amerikanischen Küste ankommen, von den Offizieren des Sklavenhandelsschiffs untersucht. Der Schiffsarzt wählt sie dann nach ihrem Gesundheitszustand aus. Das Bild (oben) gehört zur Propaganda gegen die Sklaverei, die in Frankreich während der Revolutionszeit entsteht.

Jean-Baptiste Terrier (1756–1797, oben) betreibt eine Kaffeeplantage und eine Baumwollmanufaktur in Santo Domingo.

erhoben. Das gilt z. B. für den Vater des Schriftstellers François René Vicomte de Chateaubriand: „Er fuhr zu den Inseln. In den Kolonien wurde er wohlhabend und legte das Fundament für den neuen Reichtum der Familie." (Les mémoires d'outretombe)

Es sind ernsthafte, oft genug gebildete Männer, die die Tugenden des „Edlen Wilden" aus den Werken der Philosophen ihrer Zeit, z. B. Voltaire und Jean-Jacques Rousseau, kennen. Hätte man den Händlern vorgeworfen, der Sklavenhandel sei etwas Verabscheuenswürdiges, hätten sie das nicht verstanden: Sie machen schließlich Geschäfte, mit denen sie allen nutzen.

Europa teilt sich den afrikanischen Kuchen.

Um Konflikte zwischen den Händlern der europäischen Länder zu vermeiden, wird Afrika durch die *Asiento-Verträge* in Regionen aufgeteilt, wobei jedes Land einen vorrangigen Anspruch auf seinen eigenen Sektor erhebt.

36 DER AFRIKANISCHE HANDEL

Von Mauretanien bis zur Sierra Leone sichert sich Frankreich mit seiner „Compagnie française des Indes" das Monopol im Sklavenhandel. Im Gebiet der heutigen Elfenbeinküste beherrschen die Holländer mit der Goldküste als erstem großem Handelszentrum den Sklavenhandel. Entlang dieser Küste reihen sich 23 Forts: 13 holländische, 9 englische und 1 dänisches. Die Sklavenküste – das Gebiet der heutigen Staaten Ghana, Togo und Benin – bildet das zweite große Sklavenhandelszentrum. Das heutige Nigeria, zwischen der Ossé-Mündung und Kamerun, ist die bevölkerungsreichste Gegend Schwarzafrikas und ist ein drittes Handelszentrum, um das Engländer und Franzosen rivalisieren. Seit der Mitte des 18. Jahrhunderts schließlich entwickeln sich Loango und Angola zum letzten großen Zentrum des Sklavenhandels.

Manchmal sind die Händler gezwungen, sich in zwei oder auch drei Regionen mit Sklaven zu versorgen, um ihre Schiffe voll auszulasten. Im 18. Jahrhundert dringen sie immer weiter nach Süden vor, da die anderen Gebiete bereits entvölkert sind. Einige der Händler gelangen bis nach Mozambique an der Ostküste Afrikas.

Das gute Gewissen der Sklavenhändler: Sie glauben, die Schwarzen zu retten, indem sie sie versklaven.

Bis zur Mitte des 18. Jahrhunderts hält man die Sklaverei für ein unverzichtbares Element des internationalen Handels. Doch die Schwarzen gelten nicht nur als unersetzlich. Vielmehr glaubt man, ihnen sogar einen Dienst zu erweisen: Die Sklaverei bestand in Afrika schon vorher, nur daß die Sklaven von Schwarzen selbst oder von arabischen Händlern gekauft wurden. So hält man es für besser, wenn sie nun von Europäern gekauft werden, da sie so Zugang zur Zivilisation erhalten und nicht mehr den unaufhörlichen Stammeskriegen in Afrika ausgesetzt sind. Und schließlich das Wichtigste: Die Schwarzen werden zum Christentum bekehrt und retten damit ihre Seelen. Außerdem können sich die Intelligentesten unter ihnen vielleicht einmal freikaufen.

Bestimmte Gegenden Afrikas werden Schauplatz regelrechter Sklavenjagden, wie es dieser Stich, der 1796 in Frankreich entstand, zeigt. Die bedrohten Stämme versuchen, sich zu wehren. Eine große Anzahl von Dorfbewohnern verschanzt sich hinter Schutzwällen. Obwohl die Kolonialregierungen am Ende des 18. Jahrhunderts die Zerstörung der Wälle veranlassen, existieren einige dieser Befestigungsanlagen noch heute, vor allem in Kamerun.

DIE AUFTEILUNG DES AFRIKANISCHEN KUCHENS

Grund genug für einen Sklavenhändler, sein Geschäft mit dem besten Gewissen zu betreiben.

So kann es nicht ausbleiben, daß in den Augen der Weißen der Schwarze zum „Neger" wird, den man verachtet. Europa brüstet sich mit seiner „Höherwertigkeit" gegenüber allen anderen Völkern, wie es die Griechen in der Antike gegenüber den „Barbaren" taten.

Der Kaufmann M. Dubern aus Nantes (oben) ist einer der größten Fabrikanten bedruckter Stoffe, einer begehrten Ware im afrikanischen Tauschhandel. Solche Stoffe machen mehr als zwei Drittel des europäischen Exports aus. 1769 notiert der Buchhalter des Sklavenschiffes „Pompée" alle in Afrika durchgeführten Käufe: Die Rechnungseinheit ist die „pieza de Indias", die einem festgelegten Sklaventyp entspricht: groß, gesund, jünger als 36 Jahre, männlich. Jeder Sklave kann mehrere Piezas kosten, je nach Alter, Geschlecht und Gesundheitszustand. Die Kinder werden nach ihrer Größe taxiert. Die Rechnungsdokumente geben den Wert der erwachsenen, gesunden Sklaven an: Einer wurde gegen ein Gewehr und vier Pulverfäßchen getauscht, das entspricht 5 Piezas, ein anderer gegen 2 Guinées (blau-weiß gestreiftes Baumwolltuch) und ein Liménéas (nicht identifizierter Stoff), der 10 Piezas wert ist; ein weiterer gegen Schnaps, der 4 1/2 Piezas kostet.

Darüber hinaus fließt viel Geld aus dem Sklavenhandel in die Kassen der Könige, Regierungen und Kirchen. Deshalb erteilen sie dem Sklavenhandel ihren Segen.

Diese Haltung der Europäer wird von den Afrikanern, mit denen sie Handel treiben, natürlich nicht verstanden. Daher und durch die Reduzierung der Bevölkerung Innerafrikas, die der Sklavenhandel nach sich zieht, entsteht gerade unter den Verbliebenen dort eine Feindschaft gegen die Weißen, die es vorher nicht gab. Die Wege durch den afrikanischen Kontinent, die noch auf den Karten des 15. Jahrhunderts eingezeichnet sind, verschwinden. Schwarzafrika wird zur „*terra incognita*" des 17. Jahrhunderts.

Der Sklavenhandel verändert nicht zuletzt auch die politische Landkarte Afrikas ganz erheblich. Lagen die Zentren der Macht ursprünglich in Innerafrika, führt der Reichtum, den die afrikanischen Potentaten an der Küste durch den Sklavenhandel gewinnen, sowie die bessere Ausrüstung mit Waffen, die sie von den Europäern erhalten, dazu, daß die Küstenstaaten enorm an Macht gewinnen, während die Stämme im Landesinneren zum Teil zur politischen Bedeutungslosigkeit herabsinken.

Zimmermann, Matrose, Bordkommissar, Koch: Die Serie englischer Aquarelle von 1799 vermittelt einen Eindruck von der Zusammensetzung einer Schiffsmannschaft der damaligen Zeit. Die Kleidung verwandelt sich während der Überfahrt sehr schnell in Lumpen... Nur die Offiziere verfügen über genügend Kleidungsstücke, um sie mehrfach zu wechseln. Die Sterberate unter der Schiffsmannschaft ist sehr hoch.

SKLAVEREI – DIE „RETTUNG" DER SCHWARZEN

Die Rolle des Kapitäns ist entscheidend. Von ihm hängt der Erfolg des Unternehmens ab.

Ein guter Kapitän muß nicht nur über gründliche Kenntnisse in allen Belangen der Seefahrt verfügen, sondern auch die Fähigkeit haben, mit den eingeborenen Händlern zu feilschen. Von seinem Geschick hängt in den meisten Fällen der Erfolg des Unternehmens ab.

Außer dem Kapitän muß der Schiffseigner in Europa auch die gesamte Schiffsmannschaft anheuern: Offiziere, Schiffsarzt, Schiffsmaat, Böttcher, Zimmermann, Koch und schließlich die Matrosen. Im ganzen 35 bis 50 Männer.

Dann werden Material und Werkzeug, das die Besatzung während der Reise braucht, geladen: Holz, Nägel, Tauwerk, Teer, Ketten, Handfesseln, Arzneimittel und chirurgische Instrumente, Waffen, Küchengeschirr... Für die Verpflegung der Sklaven nimmt man getrocknete Erbsen und Bohnen sowie Reis und Essig an Bord. Gepökeltes Rind- und Schweinefleisch, getrockneter Kabeljau, Zwieback, Wein und Schnaps sind für die Matrosen vorgesehen. Frische Lebensmittel wie Gemüse, lebende Enten, Gänse, Truthähne, Hühner und Schafe sowie Zuckerwerk erhalten nur die Offiziere.

Die Mannschaft des Sklavenhandelsschiffes „L'Africain", insgesamt 36 Männer, unterteilt in sechs Gruppen: 8 Offiziere, darunter auch der Kapitän; 3 Leutnants, 1 Arzt, 2 Fähnriche oder Offiziersanwärter; 3 Marineoffiziere, d.h. 1 Schiffsmaat, 1 Dachdeckermeister und 1 Rettungsbootmeister; 3 Nicht-Seeoffiziere, d.h. 1 Koch, 1 Bäcker und 1 Waffenschmied; 12 Matrosen; 8 Matrosenlehrlinge, 2 Schiffsjungen.

DIE VORBEREITUNG DER REISE

Die West India Docks im Londoner Hafen im 19. Jahrhundert. Am Kai vertäut, löschen die großen Dreimaster ihre Fracht, bevor sie, neu beladen, in wärmere Gewässer aufbrechen. Das Laden nimmt eine gewisse Zeit in Anspruch: Neben den Tauschwaren müssen Ersatzteile für das Mastwerk und die Segel, Lebensmittel und Wasser verstaut werden. Die Lagerung des Wassers und der Lebensmittel (in Fässern zu 900 l und zu 180 l) in der feuchten Luft des Laderaums obliegt der Wachsamkeit der gesamten Schiffsmannschaft. Vorne am Bug die Galionsfigur, eine Holzstatue, die den Wellen die Stirn bietet, an den Seiten die Geschütze. Die Sklavenschiffe verfügen über 20 bis 25 Kanonen, die sie vor den Piraten schützen sollen und – mehr noch – vor den Überfällen anderer Sklavenhandelsschiffe oder vor feindlichen Schwarzen an der afrikanischen Küste.

„Im Namen Gottes und der Heiligen Jungfrau sei das vorliegende Logbuch begonnen": der Aufbruch zur großen Fahrt.

Ist das Sklavenhandelsschiff vollständig ausgerüstet, kann es Anker lichten. Nicht selten trägt der Kapitän in das Logbuch, in dem er Tag für Tag alle Vorkommnisse der Überfahrt festhält, auf der ersten Seite die Worte ein: „Im Namen Gottes und der Heiligen Jungfrau sei das vorliegende Logbuch begonnen." Schon während der ersten Tage können sich einige Überraschungen ergeben: Manchmal fehlt ein Schiffsjunge oder Matrose plötzlich beim Appell. Im Gegensatz dazu kann es auch vorkommen, daß sich Männer, von der Ferne angezogen oder vom Elend vertrieben, als blinde Passagiere an Bord geschmuggelt haben... Vielleicht bedauern diese Leute, die oft nicht viel älter als 14 Jahre sind, schon bald ihren Entschluß: alle 24 Stunden drei Stunden Schlaf auf einer alten Matratze an Deck, jeden Morgen Reinigung des Decks, trübselige Mahlzeiten, immer dasselbe, Bohnen und Reis, und nur manchmal, an Festtagen, etwas Speck.

Das Leben an Bord verläuft in geregelten Bahnen. Immer wieder liest der Kapitän die Instruktionen, die ihm der Händler mitgegeben hat. Sie bestimmen die Anzahl der einzukaufenden Sklaven, die Reiseroute, die Orte an der afrikanischen Küste, wo er Anker werfen soll, den Preis, den er nicht überschreiten darf. Aber auch die Ernährung der Gefangenen und die Hygiene- und Disziplinvorschriften sind darin festgelegt, damit keine Krankheit die Zahl der zukünftigen Sklaven vermindert.

Die Sklavenschiffe, die von europäischen Häfen aus in See stechen, segeln zunächst entlang der spanischen und portugiesischen Küste, um dann Kurs auf die hohe See zu nehmen. Wenn sie sich der afrikanischen Küste vor der kleinen Insel Gorée auf der Höhe von Dakar nähern, ist Vorsicht geboten. Dort gibt es viele Riffe und Untiefen, die eine große Gefahr für die Schiffahrt darstellen.

Ankunft in Afrika: Verhandlungen zwischen dem Kapitän und dem afrikanischen König.

Wenn die Sklavenküste in Sicht kommt, ist das erste Ziel der Reise erreicht. Man wirft Anker, und der Kapitän und ein oder zwei seiner Offiziere steigen in ein Beiboot, um den afrikanischen *König* zu begrüßen.

Der Menschenhandel spart nur die unwegsamen und unbewohnten Gegenden (Nordsahara, Südkalahari) und undurchdringliche Dschungelgebiete aus. Die Küsten Senegals und Gambias werden als erste heimgesucht, dann die der Sierra Leone. Da sie nicht „ertragreich" genug sind, läßt man diese Regionen zugunsten der Elfenbeinküste und der Goldküste wieder fallen. Dort liefert die von einem schmalen, bewaldeten Küstenstreifen eingefaßte Savanne Menschen und Goldstaub im Überfluß. Es ist die Region, die den heutigen Staaten Ghana, Togo, Benin und Nigeria entspricht. Sie zollt der Menschenjagd den größten Tribut. Aufgrund ihrer hohen Bevölkerungsdichte und des „guten Rufs" der Eingeborenen zieht sie die Sklavenhändler an. Die Schwarzen von dort sind begehrter als die aus dem Süden des Kongogebiets, die als sehr apathisch gelten.

DIE SKLAVENKÜSTE

ALKEMY, ROY DE LA GUINÉE est vn des plus puissants Monarque de l'Afrique, il peut marcher à la teste de quatre cens mille homes, la Ville d'Ardra sa capital est extrem.^t forte, est a 12. lieües de la mer, le Palais du Roy y est assés artiste-ment basty, il envoya vne celebre Ambassade à Louis le grand, en 1670. pour l'etablissem.^t du comerce auec les François et vne protection toutes particulier pour les vaisseaux du Roy.

Paris Chez F. Iollain l'ainé rue s.^t Iacque a la ville de Cologne

Am Ufer wird der Schiffskommandant vom *Yavogan*, den der Herrscher beauftragt hat, mit den Weißen zu verhandeln, empfangen.

Zusammen begibt man sich dann zum König, der in einer prächtigen Residenz, die oft aus mehreren Gebäuden besteht, hofhält. Umgeben von seinen wichtigsten Beratern nimmt er in der Audienzhalle die Geschenke der Weißen entgegen: europäische und indische Stoffe, bunte Sonnenschirme und anderen Zierat.

Der Kapitän tut gut daran, darauf hinzuweisen, daß er die Handelsreise im Dienst seines Königs unternimmt. Nur dadurch gewinnt er die Achtung des afrikanischen Königs, der nicht anders als ein europäischer Potentat nur mit Gleichrangigen verhandelt.

Nach der aufwendigen Begrüßungszeremonie geht

Alkémy, König von Guinea, ist einer der mächtigsten Monarchen Afrikas im 17. Jahrhundert. Er verfügt über eine Armee von 400 000 Mann... Basis seines Reichtums ist der Sklavenhandel. Unten: afrikanischer Schmuck, gefertigt aus Glasperlen, Münzen und Naturmaterialien.

man zum geschäftlichen Teil über. Man verhandelt über die Zahl der Sklaven und ihren Preis. Die Europäer bieten Stoffe, Gewehre, Schießpulver und Kaurimuscheln als Tauschwaren an.

Der König – offizieller Besitzer der Sklaven, die er entweder im Krieg erbeutet hat oder im innerafrikanischen Handel kaufte – überläßt es dem Yavogan, die Verhandlungen mit den Europäern zu führen. Getauscht wird anfangs in Baracken, später in von den Europäern errichteten Forts. Die Verhandlungen mit dem Yavogan können sich sehr lange hinziehen, da die afrikanischen Herrscher die zwischen den Europäern bestehende Konkurrenz geschickt auszunutzen wissen, um die Preise in die Höhe zu treiben.

Lange Züge von zusammengeketteten Menschen: Die Sklaven kommen oft aus dem Innern Afrikas.

Die Sklaven werden in langen Reihen zu Fuß oft weit aus dem Innern des Kontinents an die Küste getrieben. Sie tragen um ihren Hals eine Art Holzjoch, mit dem sie wie Vieh zusammengekettet sind. Zwischenhändler aus den Gebieten nördlich der Sahara oder aus den schwarzafrikanischen Nachbarstaaten führen den Zug an.

Die Sklaven sind zumeist Opfer von Kriegen oder vielmehr Beutezügen. Ein Stamm greift einen anderen an oder stürzt sich unvermutet auf ein schlafendes Dorf. Wer nicht getötet wird, den verschleppt man, eskortiert von bewaffneten Kriegern. Die schwarzen oder arabischen Händler „jagen" in Gebieten, die bis zu 800 km von der Küste entfernt liegen, und treiben dann die Sklaven von Markt zu Markt.

Dazu kommen verurteilte Verbrecher, Diebe, Räuber oder Schuldner. Manchmal bieten sich sogar ganze Familien, die mittellos und vom Verhungern bedroht sind, einem Herrn als Sklaven an. Ihr Eigentümer verspricht dafür, sie zu ernähren, verkauft sie aber oft weiter.

So entstehen die Sklavenkarawanen, die zu den Ankerplätzen an der sogenannten Sklavenküste ziehen, wo sie von den schwimmenden Gefängnissen der Europäer erwartet werden.

Auf dem Sklavenmarkt wird jeder Schwarze untersucht, geprüft, gemessen, gewogen, abgetastet...

An der Küste erwarten Makler und Kapitäne die Sklavenkarawanen. Die verängstigte Schar kommt in den Hof des Kontors. Hinter verschlossenen Türen wird die menschliche Ware dann genauestens untersucht.

Die Sklaven werden in Gruppen von drei oder vier Personen aneinandergebunden und sind, Männer wie Frauen, nackt. Der weiße Käufer untersucht gründlich Mund und Augen jedes einzelnen. Ein Sklave in schlechtem Zustand ist billiger. Für jeden fehlenden Zahn gibt es Preisnachlaß. Außerdem läßt man die Sklaven laufen, springen, sprechen, Arme und Beine bewegen. Wie ein Pferdehändler versucht der Kapitän, jedem Makel auf die Spur zu kommen, sucht nach Anzeichen von Krankheiten wie Geschwüren, Krätze, Skorbut oder Würmern. Wenn der Sklave keine Mißbildungen zeigt, weder krank noch

GEFANGENE IN KETTEN 47

Auf dieser Gravur aus dem 19. Jahrhundert (oben) ist ein erschütterndes Bild der Sklavenzüge zu sehen: Die Hände der in einer Reihe am Hals aneinandergefesselten Sklaven sind an die Jochstange gebunden. Auf dem langen Marsch zur Küste kommen viele von ihnen ums Leben.

Idealisierte Darstellung des Cape Coast Castle, einer englischen Handelsniederlassung an der Küste. Die meisten der Niederlassungen sind richtige Festungsanlagen – nach dem Vorbild von Al Mina, einer portugiesischen Festung, die in Erinnerung an die Herkunft des Goldes aus den Minen so genannt wird. Andere Festungen sind dagegen einfach aus Holz gebaut. Um diese Forts herum entwickeln sich kleine, sehr verstreute Siedlungen.

48 DER AFRIKANISCHE HANDEL

DIE KÜSTE WIRD ABGEGRAST 49

zu alt ist, muß er die furchtbare Reise nach Amerika antreten.

Nach der Musterung beginnt das Feilschen um den Preis, was viel Zeit in Anspruch nehmen kann. Die schwarzen Könige erhöhen nach und nach ihre Ansprüche an Menge und Qualität der Tauschprodukte. So beklagen sich Händler aus Nantes im Jahr 1772, daß die Sklaven inzwischen doppelt soviel kosten wie 17 Jahre vorher. Ist das Geschäft schließlich abgeschlossen, werden die mit Handschellen gefesselten Sklaven im Morgengrauen zum Schiff gebracht. Wenn die Boote dort anlegen, nimmt man den Sklaven die Fesseln ab, damit sie an Bord klettern können.

Die Männer werden auf der Vorderseite des Schiffes untergebracht, die Stärksten von ihnen jeweils zu zweit aneinandergekettet. Frauen und Kinder verstaut man im Achterdeck.

Das Sklavenschiff segelt die Küsten Afrikas entlang. Bei jedem Halt werden neue Sklaven gekauft.

Ein Sklavenhandelsschiff kreuzt etwa drei bis sechs Monate vor der afrikanischen Küste und läuft viele verschiedene Handelsstationen an, um überall Sklaven „einzusammeln".

Jeder Kapitän weiß, daß es gefährlich ist, sich allzu lange in der Nähe der Küste aufzuhalten. Das gilt besonders, wenn das Schiff fast voll mit Sklaven ist.

So beeilt man sich, fertig zu werden. Je länger ein Sklavenschiff vor Anker liegt, desto mehr Schwierigkeiten können auftreten: tropische Krankheiten, Epidemien, Selbstmorde von Schwarzen, die sich ins Wasser werfen und ertrinken oder den Haien zum Opfer fallen. Nicht selten kommt es auch zu Konflikten zwischen Schwarzen verschiedener Stämme.

Schließlich drohen die Gefangenen zu revoltieren, wenn sie die Stunde näherrücken sehen, die sie für immer von ihrer Heimat trennen soll. Nicht zuletzt kann die Bedrohung auch vom Festland kommen: Manchmal versuchen die Stammesangehörigen, das Sklavenschiff anzugreifen, um die Sklaven zu befreien.

Aus diesem Grund treiben die Kapitäne die letzten Käufe schnell voran und brechen, sobald die Schiffe mit „menschlicher Ware" voll sind, nach Amerika auf.

Mit einem Jagdgewehr bewaffnet und einem Lendenschurz bekleidet, führt der schwarze Krieger den am Hals gefesselten nackten Sklaven zum Sammelplatz der Karawane (links). Die Überlandrouten der Sklaventransporte sind oft lang (100 bis 200 km) und von Gebeinen gesäumt. Sie haben im Gedächtnis der Afrikaner ihre Spuren hinterlassen, auch in geschriebenen Berichten. Anhand der ursprünglich aus Amerika stammenden Pflanzensamen, die auf den Sklavenhandelsschiffen mitgebracht werden, können die Historiker heute diese Straßen rekonstruieren. Halsketten, Fuß- und Handfesseln, Hängeschlösser und Schlüssel (oben) sind die Instrumente der Sklaverei.

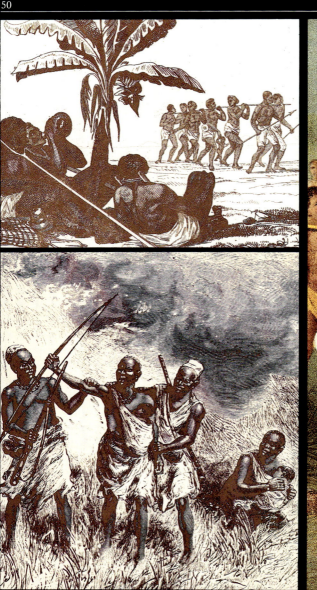

Menschenjagd im Busch

Die Mehrzahl der Sklaven wird bei systematischen Razzien in afrikanischen Dörfern gefangen. Umzingelung, Brand, Mordanschläge: Um Gefangene zu machen, ist jedes Mittel recht. Manchmal sind Dörfer, die von ihren Spähern oder durch bestimmte Vorzeichen gewarnt wurden, auf der Hut und bereiten ihre Verteidigung vor. Die Bewohner verlassen ihre Hütten und legen einen breiten Feuerring, sobald der Feind naht. Die Feuersbrünste im Busch schneiden den Feinden den Rückzug ab und lassen sie in den Flammen umkommen. Oft vergiften die Dorfbewohner auch vorher ihre Quellen oder geben den Tieren eine Spezialnahrung, die ihr Fleisch für jeden ungenießbar macht. Aber eines Tages, wenn die Wachsamkeit nachläßt und die Bevölkerung glaubt, nichts mehr befürchten zu müssen, legen andere Angreifer alles in Schutt und Asche.

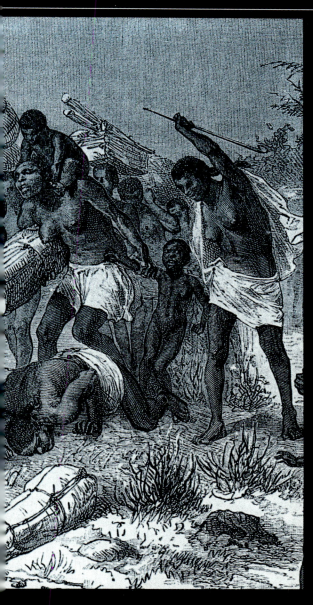

Der Leidensweg der schwarzen Gefangenen

Die gefangenen Frauen werden mit kaum weniger Grausamkeit behandelt als die Männer. Aneinandergekettet, nur ohne Fußfesseln, werden sie, beladen mit den Waren der Händler, zur Küste geführt. Lord Henry Palmerston (1784 – 1865), der ehemalige englische Außenminister, berichtet in seinen Aufzeichnungen von einem solchen Transport als Auftakt zur Überfahrt nach Amerika: „Nachdem die Gefangenen gemacht worden sind, schreitet man zur Aussonderung. Die robusten Individuen beider Geschlechter und die Kinder von sechs oder sieben Jahren werden zur Seite geschafft und bilden die Karawane in Richtung Küste. Der Kinder unter sechs Jahren entledigt man sich, indem man sie umbringt. Alte und Kranke bleiben zurück und werden dem Hungertod überlassen. Die Gefangenen – Männer, Frauen und Kinder – werden so schnell wie möglich in Marsch gesetzt. Fast nackt und barfuß müssen sie durch den glühenden Sand der Wüste und über die steinigen Pfade der afrikanischen Berge laufen. Die Schwachen werden mit Peitschenhieben angetrieben, die Stärkeren werden zur Sicherheit aneinandergekettet oder in ein Joch gezwungen."

Die Ankunft in den Kontoren

In den für die Sklaven bestimmten Schuppen (oben links) befinden sich keinerlei Möbel. Für die Kette, die durch die Fußfesseln der Gefangenen geführt wird, sind an den Stangen der Palisaden zahlreiche Ringe angebracht. So ist jede Flucht unmöglich. Eine Stunde nach Sonnenaufgang werden die in Gruppen von zehn Menschen zusammengeketteten Sklaven in den für sie bestimmten Pferch geführt. Ein Aufseher zwingt sie, sich sorgfältig zu waschen, vor allem Mund und Augen, um Skorbut und Augenentzündungen zu vermeiden, denn ein kranker Sklave bringt weniger Geld. Der Aufenthalt der Sklaven in den „barracoons" kann mehrere Tage oder Wochen dauern: so lange, bis eine Küstenwache die Ankunft eines Schiffes signalisiert, das die „Ebenholz"-Ladung aufnimmt. Am Verkaufsort werden die Schwarzen während eines Sklavenmarkts (unten) ausgestellt. Nachdem sie der Arzt des Sklavenschiffes sorgfältig untersucht hat, werden sie in Gruppen von vier oder sechs eingeteilt und zur Verschiffung bereitgemacht.

Viertes Kapitel
DIE SCHRECKEN DER ÜBERFAHRT

Die Überquerung des Atlantiks auf einem Sklavenhandelsschiff bedeutet eine monatelange Reise auf engstem Raum und unter den furchtbarsten hygienischen Bedingungen. Unzählige Sklaven und Seeleute kommen dabei um.

Eine Aufgabe auf dem Handelsschiff ist es, den körperlichen Zustand der Sklaven trotz der furchtbaren Transportbedingungen zu erhalten: So läßt man sie tanzen. Einige Mitglieder der Mannschaft machen die Musik, und wenn einige Tänzer sich widerspenstig zeigen, schlägt die Peitsche den Takt.

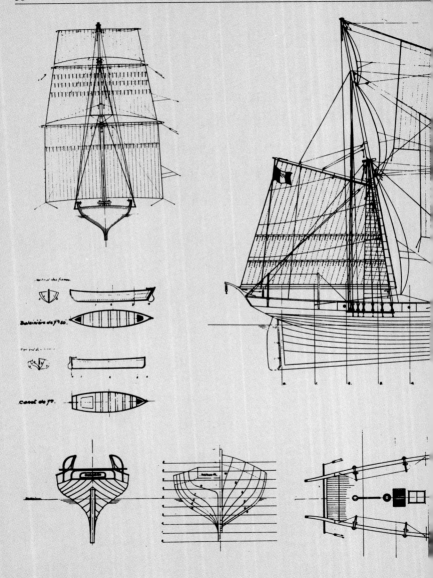

Illegale Sklavenschiffe

Plan der Brigg „Ouragan". Die Matrosen nennen die Brigg „Königin des Meeres". Bis zum Verbot des internationalen Sklavenhandels im Jahr 1815 werden gewöhnliche Handelsschiffe verwendet, an denen man einige zweckmäßige Veränderungen vorgenommen hat. Nach 1815 geht man dazu über, für den illegalen Transport der Schwarzen nur noch Schiffe zu benutzen, die 250 BRT nicht überschreiten; sie sind damit sehr viel kleiner als ihre Vorgänger. Die Brigg ist das ideale Schiff: langgestreckt und daher schnell und wendig. Dennoch besitzt sie einen hinreichend großen Laderaum. Ein solches Schiff darf nur wenig Tiefgang haben, um die nah an der Wasseroberfläche gelegenen Sandbänke der afrikanischen Küste zu überwinden. Die Segel müssen leicht handhabbar sein, damit sie in kürzester Zeit gesetzt oder gerefft werden können. Die Brigg ist das Schiff, das zu Beginn des 19. Jahrhunderts all diesen Erfordernissen entspricht. Den Kapitänen der Kriegsschiffe, die beauftragt sind, illegale Sklavenhändler aufzubringen, wird der Hinweis mitgegeben, solche Schiffe seien „aufgrund ihrer schmalen Form des Sklavenhandels verdächtig".

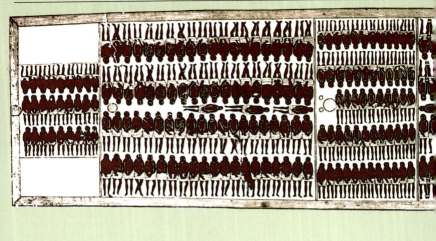
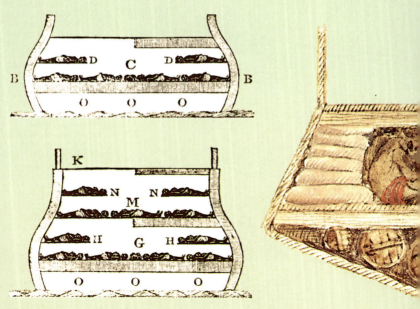

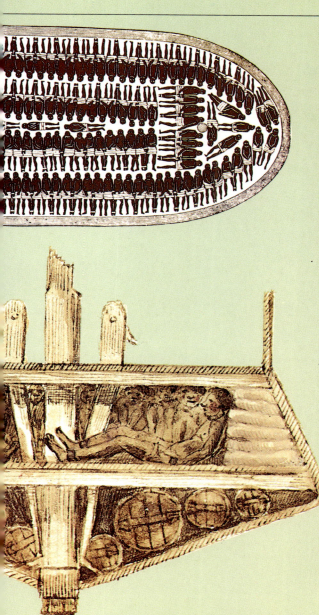

Sklaven in der Kiste

Bevor die Schwarzen an Bord gebracht werden, muß der Bordzimmermann die Laderäume herrichten. Diese befinden sich zwischen dem Ober- und Unterdeck. Ein solcher Raum hat bei einem englischen Sklavenschiff aus Newport etwa 1,20 m, bei einem kontinentaleuropäischen Schiff etwa 1,50 m Höhe. Die Länge beträgt etwa 30 m, während die Schiffe nie breiter als 7,5 m sind. Die Mehrzahl der holländischen Schiffe wird speziell für den Sklaventransport gebaut. Sie haben den Vorteil, lang, hoch und – dank der Bullaugen und Deckluken – gut durchlüftet zu sein. Die Sklaven werden an Bord so verstaut, daß die größtmögliche Zahl aufgenommen werden kann. Theophilius Conneau berichtet im Jahr 1854: „Zwei der Offiziere sind damit beauftragt, die Menschen zu verstauen. Bei Sonnenuntergang gehen der Leutnant und sein zweiter Offizier mit der Peitsche in der Hand hinunter und bringen die Neger für die Nacht an ihren Platz. Diejenigen, die sich steuerbords befinden, werden, wie man gewöhnlich sagt, wie Löffel gelegt, bäuchlings wechselseitig gegeneinander verdreht. Befinden sie sich backbords, liegen sie auf dem Rücken. Diese Position wird als günstiger angesehen, da sie das Herz freier schlagen läßt."

Im Schiffsbauch

Vom Schiffsarzt einer erniedrigenden und umfassenden Untersuchung unterworfen und mit Brenneisen auf der Brust gezeichnet, werden die Sklaven angekettet und in den Schiffsbauch geschafft. Dieser ist oft in nur winzige Abteile untergliedert, die durch Bretter voneinander abgetrennt werden. In den Abteilen können sich die Sklaven nicht einmal lang ausstrecken. Sie haben praktisch keine Kleidung. Ein oder zwei Meter Stoff müssen genügen, sich notdürftig zu bedecken. Manche tragen auch ein Stück Stoff wie einen Turban um den Kopf gewickelt. Frauen und Kinder dürfen sich tagsüber an Deck frei bewegen. Eine halbe Stunde vor Sonnenuntergang kehren sie in den Laderaum zurück, nachdem man sie gründlichst durchsucht hat. Dadurch will man sich versichern, daß sie keine Gegenstände entwendet haben, mit denen sie sich ihrer Ketten entledigen könnten.

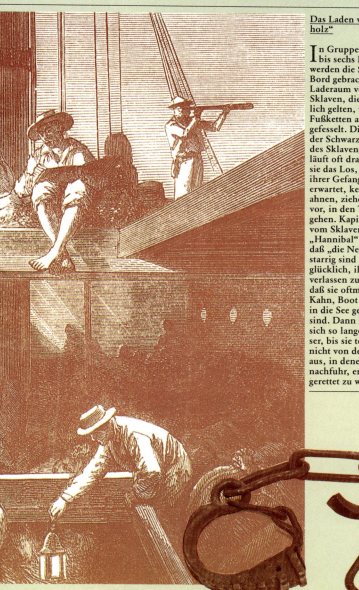

Das Laden von „Ebenholz"

In Gruppen von vier bis sechs Personen werden die Sklaven an Bord gebracht und im Laderaum verstaut. Sklaven, die als gefährlich gelten, werden mit Fußketten aneinandergefesselt. Die Ankunft der Schwarzen an Bord des Sklavenschiffs verläuft oft dramatisch. Da sie das Los, das sie nach ihrer Gefangennahme erwartet, kennen oder ahnen, ziehen es einige vor, in den Tod zu gehen. Kapitän Philips vom Sklavenschiff „Hannibal" berichtet, daß „die Neger so halsstarrig sind und so unglücklich, ihre Heimat verlassen zu müssen, daß sie oftmals aus dem Kahn, Boot oder Schiff in die See gesprungen sind. Dann hielten sie sich so lange unter Wasser, bis sie tot waren, um nicht von den Booten aus, in denen man ihnen nachfuhr, ergriffen und gerettet zu werden."

DIE SCHRECKEN DER ÜBERFAHRT

Eine Seereise nach Amerika bleibt bis weit ins 19. Jahrhundert ein Abenteuer. Manchmal ist die See ruhig, manchmal stürmisch. Aber eine Überfahrt, auf der nicht mindestens 10 von 100 Sklaven sterben, ist selten.

Das Leben an Bord eines Sklavenschiffes.

Schon die Unterbringung der Sklaven ist unmenschlich. Die Kapitäne laden oft viel mehr Menschen, als das Schiff eigentlich fassen kann. Wenn man sie in den Zwischendecks wie trockene Fische übereinanderstapelt, passen leicht 600 Personen in ein Schiff, das für 450 Menschen ausgelegt ist. Um Ungeziefer zu vermeiden, sind die Sklaven vollkommen nackt. Mindestens zweimal pro Woche wird die ganze menschliche Ladung an Deck mit Wasser übergossen. Alle zwei Wochen rasiert man ihnen den Kopf, damit sich die Läuse in ihrem Kraushaar nicht ausbreiten können. Man *tatauiert* alle Schwarzen an Brust und Rücken und läßt sie fast die ganze Zeit über gefesselt.

Die Sklaven werden mit einem Brenneisen gekennzeichnet, was den einzelnen Händlern ermöglicht, ihre Sklaven zu identifizieren. Wilhelm Bosman, ein holländischer Reisender, erzählt: „Dies erscheint sicherlich grausam und barbarisch, aber man muß es tun, weil es notwendig ist: Doch wir geben darauf acht, daß das Eisen nicht zu tief einschneidet, vor allem nicht bei den Frauen, die gewöhnlich am empfindlichsten sind."

DIE SCHRECKLICHE ENGE AN BORD

Die Frauen werden getrennt von den Männern untergebracht und tragen einen Lendenschurz.

Das Zwischendeck, in dem die männlichen Sklaven untergebracht sind, ist nur ca. 1,60 m hoch. Um die Ladekapazität des Schiffes zu erhöhen, unterteilt man diesen Raum meist sogar noch in ein doppeltes Zwischendeck von knapp 80 cm Höhe. Auf jeder Seite des Schiffes soll eine mit überkreuzten Brettern vergatterte Öffnung von 2,50 m Länge für die Zufuhr von Frischluft sorgen.

Die etwa 100 Frauen, die achtern unterhalb der Offizierskabinen zusammengepfercht sind, verfügen über einen Raum von 8–9 m Länge und nur einigen Metern Breite. Die Matrosen der Schiffsbesatzung genießen zwar den Vorteil, daß sie frei sind, haben aber kaum mehr Platz. Sie schlafen abwechselnd in Hängematten an Deck. Die „Sklavenpferche" sind nachts verschlossen und werden von der Mannschaft nicht mehr betreten. In der Dunkelheit wäre das viel zu gefährlich...

Wenn es das Wetter erlaubt, werden die Sklaven – die Männer in Ketten, Frauen und Kinder frei – für die Mahlzeiten und um ihnen Bewegung zu verschaffen an Deck gebracht. Zweimal am Tag werden die Sklaven mit einer Suppe abgespeist, die sehr reich an Kohlehydraten, aber arm an Vitaminen und tierischem Eiweiß ist. Die geschmacklose Brühe wird höchstens mit ein wenig Pfeffer, den man in Afrika gekauft hat, gewürzt.

Besonders gefürchtet ist der Skorbut, der bei Mangel an Vitamin C auftritt. So darf eine Reise, sobald der Vorrat an frischen Früchten aufgebraucht ist, nicht mehr länger als weitere eineinhalb bis zwei Monate dauern. Mit Hilfe des Essigs, den man für heilsam hält, hofft man dieser Krankheit, der Geißel der abendländischen Seefahrt bis ins 19. Jahrhundert, vorbeugen zu können.

Unterwegs fängt man Fische, um die Nahrung etwas abwechslungsreicher zu gestalten. Allerdings dauert es lange genug, bis sich diese so einfache Idee durchsetzt. Erst im 18. Jahrhundert fängt man damit an.

Das Hauptproblem ist jedoch die Versorgung mit Frischwasser: Während der Überfahrten verdirbt es in den Holzbehältern, da auf dem Schiff keine Möglichkeit besteht, es zu kühlen. Nach einiger Zeit wird es dickflüssig und schlammig, und oft genug ist es voller Würmer.

Die besondere Form der Ernährung der Sklaven hat eine doppelte Zielsetzung. Einerseits soll der Lebensmittel-

Die Yamswurzel, die ursprünglich aus Südostasien stammt, ist in allen tropischen Zonen verbreitet. Es sind mehrere hundert Arten bekannt. Die Yamswurzel ist reich an Stärke und daher ein Nahrungsmittel, das aufgrund seines hohen Nährwerts geschätzt wird. Auf den Sklavenschiffen kocht man daraus häufig Suppe. Die amerikanische Art der Wurzel gelangt durch den Sklavenhandel auch nach Afrika.

verbrauch möglichst gering gehalten werden, ohne dadurch die Ausbreitung von Epidemien zu riskieren und ohne die Sklaven so sehr zu schwächen, daß sie den Transport nicht überleben. Andererseits darf das Essen den Schwarzen auch nicht zuviel Kraft lassen – wären sie zu gut genährt, könnten sie revoltieren.

Alle Anweisungen zur Versorgung der Schwarzen empfehlen, die Eintönigkeit der Mahlzeiten von Zeit zu Zeit mit einer „Orgie" von mit Wasser verschnittenem Schnaps, mit Fladenbrot oder Zwieback zu unterbrechen. Wenn alle sich fügsam gezeigt haben, werden sie mit einem kleinen Stück gekochtem Rindfleisch belohnt.

Ein Reeder aus Nantes legt dem Kapitän seines Sklavenschiffes folgendes nahe: „Da das Essen mit am meisten Anteil hat am Befinden des Schwarzen, ist es die wichtigste Aufgabe des an Bord kommandierenden Offiziers. Er braucht genügend Wasservorrat, um die Bohnen gut kochen zu können, und das Essen darf weder zu flüssig noch zu fest sein... Essenszeit ist morgens und abends. Der Arzt muß den Sklaven jeden Morgen in den Mund sehen und darauf achten, daß sie ihn mit Zitronensaft oder Essig ausspülen. Da man aus Erfahrung weiß, daß das frei zur Verfügung stehende Wasser nicht schneller verbraucht wird, als wenn man es rationiert, soll man die Wassertonnen offen lassen, wobei darauf zu achten ist, einen Posten aufzustellen, der darüber wacht, daß es nicht verschwendet wird."

Der Aufstand auf der „Amistad" im Jahr 1839 ist eine der seltenen gelungenen Sklavenrevolten: Die Aufständischen töten den Kapitän und den Koch. Die Schiffsbesatzung bringt die Revoltierenden jedoch in die Vereinigten Staaten, wo sie wegen Piraterie angeklagt werden. Gegner der Sklaverei erreichen, daß die Rebellen im Jahr 1842 in ihre Heimat zurückkehren dürfen.

Revolten der Sklaven an Bord der Schiffe werden blutig niedergeschlagen.

Während der ersten Wochen der Reise müssen die Kapitäne und Matrosen besonders wachsam sein. Solange die Sklaven noch nicht zu schwach sind und sich noch nahe genug an ihrer Heimat fühlen, sind sie zu den verzweifeltsten Aktionen fähig.

Brechen Revolten aus, spielen sie sich fast immer auf die gleiche Weise ab: Die Sklaven versuchen, sich von ihren Ketten zu befreien, und wenn es ihnen gelingt, überrumpeln sie die Wachen. Die Wärter, die mit Schußwaffen ausgerüstet sind, schießen gezielt auf die Anführer, so daß die Aufständischen bald aufgeben. Die Sklaven werden dann wieder in Ketten gelegt und die Anführer bestraft.

Aber es gibt auch Fälle, in denen die Revolte gelingt. Doch da die Afrikaner ein Schiff von dieser Größe nicht

MEUTEREI DER SKLAVEN

steuern können, treiben sie so lange im Meer, bis alle verhungert oder verdurstet sind. Der Romancier Prosper Mérimée erzählt in seiner Novelle „Tamango" die furchtbare Geschichte der dem Verhungern und Verdursten preisgegebenen Unglücklichen: „Jedes Stück Zwieback kostet einen Kampf, und der Schwache stirbt, nicht weil der Starke ihn tötet, sondern weil er ihn sterben läßt."

> „Wir banden die Neger, die am meisten schuld hatten, d. h. die Anführer der Revolte, an Armen und Beinen fest und ließen sie, platt auf dem Bauch ausgestreckt, an Deck auspeitschen. Darüber hinaus brachten wir ihnen Schnitte auf dem Gesäß bei, um sie ihr Vergehen besser fühlen zu lassen. Als ihr Rücken und Gesäß von den Schnitten und den Peitschenhieben blutig waren, mischten wir Schießpulver, Zitronensaft, Salzlauge, Pfeffer sowie eine Droge, die der Schiffsarzt dazugab, und strichen es in ihre Wunden, um den Wundbrand zu verhindern und damit es sie noch mehr schmerzte…"
> Gaston Martin,
> „L'Ere des Négriers"

70 DIE SCHRECKEN DER ÜBERFAHRT

„Sklaven zu verkaufen!" Bei der Ankunft des Sklavenschiffs wird durch Plakate (links) oder durch einen Ausrufer (ganz rechts) auf den Auktionsverkauf hingewiesen. Diese Radierungen aus dem 19. Jahrhundert, auf denen die Sklaven europäische Kleidung tragen, zeigen den Verkauf in den Vereinigten Staaten. Auf den Antillen werden die Sklaven vollständig nackt angeboten, was eine gründliche körperliche Untersuchung ermöglicht:

Ein Kranker hätte die anderen Sklaven auf der Plantage anstecken können.

GEMUSTERT WIE VIEH 71

In Amerika angekommen, „frischt" man die Sklaven auf, um sie so teuer wie möglich zu verkaufen.

Vor der Landung auf amerikanischem Boden werden die Schiffe unter Quarantäne gestellt: Solange nicht sicher ist, ob eine Epidemie an Bord herrscht, hat während 40 Tagen niemand das Recht, an Land zu gehen.

Nach der Entlassung aus der Quarantäne kümmert sich der Kapitän um seine „Ware". Es gibt besseres Essen, frisches Gemüse und Obst, Haare und Bart werden geschnitten, die Körper mit Palmöl eingerieben und die auffälligsten körperlichen Makel übertüncht. Diese Operation nennt man *„Bleiche"*. Sie ist die Aufgabe des Schiffsarztes. Manchmal, wenn die Reise zu lang und anstrengend war, nimmt der Kapitän des Sklavenschiffes die Bleiche auf einer unbewohnten Insel vor.

Besonders gründlich untersucht werden Augen, Zähne und Haut (links unten), so daß man verborgenen Fehlern oder der „Bleiche" auf die Spur kommt, die gewöhnlich vom Schiffsarzt vorgenommen wird. Während man die Sklaven in den Vereinigten Staaten fast immer einzeln verkauft, werden sie auf den Antillen zumeist in festen Gruppen losgeschlagen. Der „minderwertigsten" Sklaven entledigt sich der Kapitän, indem er sie in einem Gebinde unterbringt, das sich durch besonders „gute Stücke" auszeichnet.

72 DIE SCHRECKEN DER ÜBERFAHRT

Die Sklaven werden den Käufern vorgeführt, die ihren Preis mit dem Kapitän des Sklavenschiffes aushandeln.

Damit keine unverkauften Schwarzen zurückbleiben, werden die Sklaven in Gruppen oder Blöcken an Deck geholt, ausgestellt, angepriesen und schließlich verkauft. Für kranke Sklaven verlangt man weniger, so daß sie vornehm-

lich an kleine Pflanzer, die „armen Weißen", gehen. Wenn es dem neuen Besitzer gelingt, den Sklaven gesund zu pflegen, hat er ein gutes Geschäft gemacht.

Zum Verkauf muß der Schwarze auf einen Tisch oder ein Faß steigen, wo er für alle sichtbar ist. Er wird nun von den Kunden untersucht, die ihn verschiedene Haltungen einnehmen und Arme und Beine bewegen lassen, um sich ein Bild von seiner Kraft und Gesundheit machen zu können – wie es auch schon die Händler in Afrika getan haben.

Der Preis des Sklaven wird zwischen Kapitän und Pflanzer ausgehandelt, je nach Alter des Sklaven (ein Sklave gilt als alt, wenn er 40 bis 45 ist), seinem Gesundheitszustand, der Körperkraft und dem allgemeinen Aussehen. Darüber hinaus hängt der Preis auch von Marktschwankungen ab, d.h. von dem jeweiligen Angebot an und der Nachfrage nach Sklaven. Es kommt sogar vor, daß sie verlost werden.

Die Verkaufszahlen werden in speziellen Registern verbucht: Bei der Rückkehr übergibt sie der Kapitän dem Schiffseigner, der die Reise finanziert hat. Auch in Afrika muß der Kapitän Kaufregister anfertigen, so daß man die Gewinne abschätzen kann. Ganze Familien werden zum Auktionsmarkt geschafft, wie hier (oben) während eines Verkaufs in Virginia 1861.

Wenn man sich über den Preis einig ist, zahlt der Pflanzer möglichst in bar, da er dann einen Rabatt von 15 bis 20% beanspruchen kann. Ansonsten gilt das Kreditsystem, das bei den Kapitänen jedoch nicht beliebt ist, da die Pflanzer immer wieder gemahnt werden müssen, ihre Schulden zu bezahlen.

Jeder verkaufte Sklave wird sofort mit einem glühenden Brandeisen auf Brust oder Rücken mit den Initialen seines neuen Herrn gezeichnet. Danach erhält der Schwarze einen christlichen Namen. Anschließend übergibt man ihn einem anderen Sklaven und läßt ihn zur Plantage bringen. Eine Woche lang wird er gut ernährt und muß nicht arbeiten. Dieses Vorgehen erweist sich nach den Entbehrungen der Reise als äußerst wirksam: Nach einiger Zeit verfügt der Pflanzer über ein gut genährtes Individuum, das bereit ist, aus Dankbarkeit seine ganze Kraft in die Plantage zu stecken.

Die amerikanische Karikatur (oben) vom Verkauf eines Sklaven zeigt den Zynismus und die Überheblichkeit der reichen weißen Plantagenbesitzer, die den Sklaven wie Vieh behandeln. Der Sklave trägt einen Lendenschurz, da das nordamerikanische Moralempfinden die Darstellung eines Nackten nicht zuläßt.

74 DIE SCHRECKEN DER ÜBERFAHRT

AUKTION

Auf dem Gemälde „American Slaves" von 1852 ist einer der ungezählten Sklavenmärkte dargestellt. Im Zentrum preist der Händler seine Ware an und versucht, die Gebote in die Höhe zu treiben. Der Sklavenhandel ist zu fast allen Zeiten sehr gewinnträchtig. Die Käufer tragen die Kleidung, die zu dieser Zeit für die reichen Pflanzer im Süden typisch ist. Der Aufschwung des Baumwollanbaus in den Südstaaten bringt auch eine Zunahme der Sklaverei mit sich. Das Verbot des Sklavenhandels zieht nicht sofort einen Rückgang der Sklaverei nach sich. Die Verbesserung der Lebensbedingungen für die Schwarzen hat sogar zur Folge, daß die Geburtenrate steigt. In Sklaverei geborene Kinder gehören nach wie vor den weißen Pflanzern, denn anfangs ist nur der Handel, nicht aber der Besitz von Sklaven verboten.

FÜNFTES KAPITEL
IN DEN PLANTAGEN

Die Mehrzahl der tropischen Pflanzungen sind sehr arbeitsintensiv. Zucker, Kaffee, Baumwolle, Reis, Indigo, Tabak – für alle diese Kulturen braucht man viele und besonders widerstandsfähige Arbeitskräfte. Vor dem massiven Import von Schwarzen aus Afrika wurden auf dem amerikanischen Kontinent bereits mehrere andere Lösungen erprobt.

Auf den Plantagen werden die Sklaven in drei Gruppen eingeteilt: die fügsamen und privilegierten Domestiken, die spezialisierten Handwerker und die Landarbeiter (vgl. Abbildung links), die etwa 90 % des Sklavenbestands ausmachen. Indigo (rechts), ein blaues Färbemittel, stammt aus Indien und wird vor allem auf den Antillen angebaut.

Zur Bewirtschaftung ihrer Plantagen versuchen die Pflanzer zunächst die Indianer Amerikas einzusetzen, doch erweist sich das als Fehlschlag: Zu viele erliegen den Krankheiten, die die Europäer einschleppen.

Später läßt man weiße Arbeiter oder Siedler kommen: Agenten werben arme Leute an, denen sie die Reise und ein paar Kleider bezahlen. Dafür verpflichten sich die Europäer, in den Plantagen sieben Jahre für den Besitzer zu arbeiten. Wenn sie diese Zeit überleben, erhalten sie als Belohnung einen eigenen kleinen Besitz. Dieses Arbeitsverhältnis ist der Sklaverei sehr ähnlich. Die Sterberate unter den europäischen Arbeitskräften ist sehr hoch, denn die Plantagenbesitzer wissen, daß sie die Leute nicht ewig behalten können, und beuten sie auf den Tod aus.

Die endgültige Lösung erweist sich als die rentabelste: Die Pflanzer benutzen schwarzafrikanische Sklaven, die, an das tropische Klima gewöhnt, billig und vor allem leicht ersetzbar sind.

Bedroht von der Peitsche des weißen Aufsehers, der für einen möglichst hohen Ertrag der Arbeit zu sorgen hat, müssen die Sklaven auf den Feldern arbeiten. Die Feldarbeiter unterteilen sich noch einmal in drei Gruppen: Die erste hat die härtesten Arbeiten zu verrichten, die zweite, die vor allem aus Frauen besteht, die monotoneren Arbeiten, Kinder und Genesende schließlich bilden die dritte Abteilung, die für leichte Aufgaben zuständig ist.

Die Sklaven der „Zuckerrohrgärten" verrichten eine zermürbende und gefährliche Arbeit.

Die schwerste Arbeit auf einer Zuckerrohrplantage fällt nicht im „Garten", d.h. auf den Zuckerrohrfeldern, an, sondern in der Mühle, wo der Zucker aus dem Saft der ausgepreßten Rohre gewonnen wird. Die Sklaven, die auf dem Feld arbeiten, werden schon vor Sonnenaufgang durch den Peitschenknall des Aufsehers geweckt. Der Aufseher hat die Aufgabe, die Arbeit zu überwachen und jede Nachlässigkeit, jedes Zeichen von Unaufmerksamkeit und Müdigkeit zu bestrafen.

Mittags gesteht man den Sklaven zwei Stunden Pause zu, allerdings nicht, um auszuruhen, sondern um das Mittagessen für sich und ihre Familie zu kochen. Um genau 14.00 Uhr ruft der Aufseher die Sklaven auf das Feld zurück. Für diejenigen, die nicht in der Mühle beschäftigt sind, dauert die Arbeit bis tief in die Nacht.

Neben der Feldarbeit müssen die Sklaven zweimal täglich Gras für das Vieh, das die Mühlen antreibt, mähen. Diese Arbeit ist sehr anstrengend, zumal sich die Wiesen oft in großer Entfernung von der Plantage befinden.

Anschließend kehren die Schwarzen in ihre Hütten zurück, sammeln Holz und bereiten das Abendessen. Es ist fast Mitternacht, wenn sie sich zum Schlafen auf ihre Strohmatten legen können.

EINE RENTABLE LÖSUNG 79

Bei normalem Wetter kann sich der Sklave nur spät nachts oder sonntags um seinen eigenen Garten kümmern, wo er Gemüse anbaut, um das einfache Essen aufzubessern.

Die Sklaven an den Dampfkesseln und in den Mühlen sind während der Erntezeit nur an den Maschinen beschäftigt. Es ist eine zermürbende und gefährliche Arbeit. Die Zuckerrohrbündel wirft man in Zylinder, wo sie zerkleinert werden. Dann kommt das zerhackte Rohr in Dampfkessel, die ununterbrochen beheizt werden. Häufig kommt es zu schweren Verletzungen.

Die großen Zuckerrohrmühlen

Je nach Land und Klima werden die Zuckerrohrmühlen von Wind oder Wasser angetrieben. In dieser Windmühle pressen die senkrecht angebrachten Walzen den Zuckerrohrsaft aus, der in Fässer gefüllt wird. Der Rückstand des gepreßten Zuckerrohrs dient dazu, das Feuer unter den Kesseln, in denen der Zuckersaft verkocht wird, in Gang zu halten. „Eine Zuckerplantage besteht aus drei großen Bereichen: den Feldern, den Gebäuden und dem Vieh. (...) Der jährliche Ertrag einer Plantage liegt bei etwa 200 t Zucker. Dafür müssen mindestens 120 ha Zuckerrohr angebaut werden. Der gesamte Besitz muß sich über mindestens 360 ha erstrecken, doch die Plantagen Jamaicas sind im allgemeinen größer als dieser Durchschnitt. (...) In einer Plantage dieser Größe braucht man einen Viehbestand von mindestens 250 Negern, 80 Rindern und 60 Eseln."

Bryan Edwards,
Pflanzer in Jamaica

Die Hölle der Zuckerküche

Nachdem das Zuckerrohr gepreßt ist, leitet man den Sirup in die Raffinerie, wo die Sklaven sich bei Hitze und Dampf abquälen, den komplizierten Vorgang der Zucker- und Rumproduktion in Gang zu setzen. Der rohe Saft wird in großen Kesseln zum Kochen gebracht, und man beseitigt die Verunreinigungen. Dann schütten die Sklaven die kochende Flüssigkeit in einen anderen Kessel, schöpfen den Schaum ab und leiten den Sirup in eine Steinrinne. Die klare Flüssigkeit wird nun in eine Reihe kleinerer Bottiche umgefüllt und nochmals erhitzt. Der eingedickte Saft wird dann zu einer Abkühlungsfläche gebracht, wo der Zucker an der Oberfläche des bräunlichen Bodensatzes, der Melasse, kristallisiert.

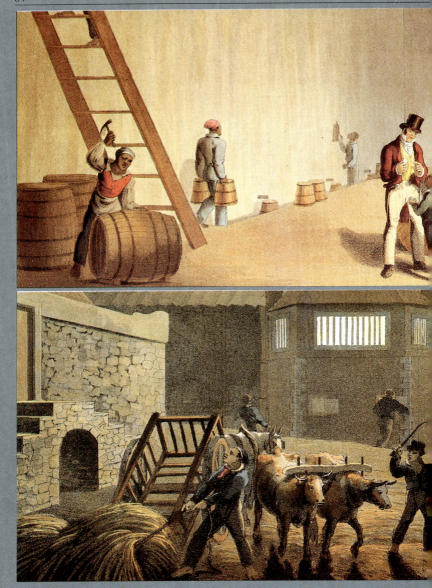

Rum und Melasse

Nach der Abkühlung wird die Zuckerkruste in kleinen, perforierten Fässern von der Melasse getrennt. Die Melasse tropft ab, während sich der Zucker ablagert. Die Melasse wird anschließend zum Brennen von Rum verwendet. Schließlich stehen Zucker und Rum für den Export bereit. Hier (oben) schlagen die Sklaven im Inneren der Brennerei die Rumfässer an, damit der Pflanzer den Alkoholgehalt kontrollieren kann. Rum, der weniger als 50 Vol.-% Alkohol hat, wird noch einmal destilliert.
Die ausgepreßten Rohre bindet man zusammen (unten) und trocknet sie, bevor sie als Brennmaterial in den Häusern und in der Raffinerie verwendet werden.

Auf den Baumwollfeldern schuften die Sklaven oft bis spät in die Nacht.

Während der ersten Hälfte des 19. Jahrhunderts ist der Anbau von Baumwolle der wichtigste Industriezweig im Süden der Vereinigten Staaten. Zwischen 1815 und 1861 erhöht sich der Ertrag von 80000 auf 1150000 t.

Die Ernte beginnt in der zweiten Augusthälfte. Jeder Sklave erhält einen mit einem Tragriemen versehenen Sack, den er sich um den Hals hängt. Der Sack ist so groß, daß sich seine Öffnung in Brusthöhe befindet und der untere Teil fast die Erde berührt. Außerdem erhält jeder Sklave einen großen Korb, in den er die Baumwolle aus dem vollen Sack leert. An einem normalen Arbeitstag erntet ein Sklave im Durchschnitt etwa 100 kg Baumwolle. Erreicht er diese Menge einmal – aus welchen Gründen auch immer – nicht, wird er bestraft.

Die Baumwollpflanze erreicht eine maximale Höhe von etwa 6 m. An jedem Stengel wachsen zahlreiche Zweige in alle Richtungen. Geerntet werden nur die von Baumwollfasern umgebenen Samen. Von den Sklaven verlangt man, daß sie mit dem ersten Tageslicht auf den Feldern sind. Abgesehen von der kurzen Mittagspause, läßt man ihnen keine Atempause, solange es noch hell genug zum Arbeiten ist.

Die Arbeit auf den Baumwollfeldern ist wesentlich härter als die bei der Zuckerrohrernte. Die Aufseher treiben die Sklaven viel mehr an, die aufgeplatzten Baumwollkapseln schnellstens zu ernten, da sie sonst hart und unbrauchbar werden.

In den Südstaaten bauen die Sklavenbesitzer ihre Plantagen so weit wie möglich aus – und decken sich mit so vielen Sklaven ein, wie sie sich leisten können, da Plantagenprodukte teuer gehandelt werden.

AUF DER BAUMWOLLPLANTAGE

Die Baumwolle ist seit der Zeit der Alten Ägypter bekannt, aber erst durch das Aufkommen der Spinnmaschinen zu Ende des 18. Jahrhunderts kommt sie allgemein in Gebrauch. Die Textilfaser wird aus dem seidenweichen Flaum gesponnen, der die Baumwollsamen umgibt. Die Baumwollpflanze erschöpft den Boden – und die Menschen. Sie wächst als Strauch bis 6 m Höhe, dessen Frucht, eine walnußgroße Kapsel, etwa 30 Samen enthält, die von kleinen, weißen Fasern umgeben sind. Bei der Reifung öffnet sich die Kapsel, und die Fasern trocknen an der Luft. Allerdings sind nicht alle Kapseln zur selben Zeit reif: Immer wieder muß man deshalb die Sträucher absuchen, die Kapseln einsammeln und den Flaum von den Samen trennen (oben). Der Flaum wird in großen Körben abtransportiert und anschließend zu Ballen gepreßt (unten).

Kleine oder große Plantagen: Die Lebensbedingungen sind sehr verschieden.

Die Hälfte der Baumwolle wird von kleinen Landwirten produziert, die weniger als zehn Sklaven besitzen. Für diese Pflanzer ist eine wirtschaftliche Produktion oft schwierig. Sie müssen sich bei Geldverleihern hoch verschulden, um von einer Ernte zur anderen durchzukommen. Sie sind zu arm, um abgenutztes Gerät und Werkzeug zu ersetzen. Daher bemühen sich viele, Getreide für den eigenen Bedarf anzubauen sowie Schweine und Vieh zu züchten. Außerdem tragen sie dafür Sorge, daß ihre Sklaven bei guter Gesundheit und in gutem Zustand bleiben. So können sie sie ein Leben lang „halten", und man kann sie sogar noch seinen Erben hinterlassen. Um ihr Einkommen zu erhöhen, verzichten die kleinen Pflanzer

EINE MÖRDERISCHE PFLANZE

auf vieles und kaufen statt dessen Sklaven, die ihren Hauptbesitz darstellen. Ein junger Mann von 18 Jahren, der 1845 für 650 $ gekauft wird, bringt fünf Jahre später bereits 1000 $ und kurz vor Ausbruch des Bürgerkriegs (1861–1865) 2000 $ ein.

In den großen Plantagen mit mehr als 50 Sklaven läuft das Leben ganz anders ab. Hier regiert, wie Clement Eaton sagt, die sogenannte „Pflanzeraristokratie, die sich einbildete, nur sie allein repräsentiere den Süden, wobei sie ihre eigenen Klasseninteressen mit dem Gedeihen des ganzen Südens gleichsetzte". Unter idealen Bedingungen – kompetenten Verwaltern, robusten Sklaven, soliden Mühlen, gutem Material – bearbeitet jeder Sklave 5 ha Baumwolle oder Getreide, so daß der Pflanzer auf bedeutende Gewinne hoffen kann. Tief im Süden ist eine florierende Plantage oft über 500 ha groß und beschäftigt mehr als 150 Sklaven.

Der Historiker Jules Michelet (1798–1874) schreibt, daß die Baumwolle ab 1832 preiswert wurde, während sich vorher nur Reiche Baumwollstoffe leisten konnten. Der Anbau von Baumwolle erfordert eine beträchtliche Zahl von Arbeitskräften: Die große Nachfrage führt zu einer erheblichen Ausdehnung der amerikanischen Sklaverei. Unten eine Baumwollplantage in Mississippi im 19. Jahrhundert.

90 IN DEN PLANTAGEN

Bis zu Beginn des 18. Jahrhunderts ist der Jemen das einzige Land, in dem Kaffee angepflanzt wird. Die Holländer beginnen um 1720 damit, den Kaffee auch in anderen Ländern heimisch zu machen. Er wird in Martinique, Guadeloupe und Guyana eingeführt. Am Ende des 18. Jahrhunderts deckt die Produktion der Antillen – dank Tausender von Sklaven – mehr als drei Viertel des Bedarfs in Europa. Der Kaffee kommt schnell in Mode, obwohl die Ärzte glauben, daß er schwere Krankheiten und Unfruchtbarkeit zur Folge habe.

Der Kaffee ist eine weitere bedeutende „Sklavenpflanze".

Auch der Kaffeeanbau, der hauptsächlich auf den Antillen und in den mittelamerikanischen Plantagen betrieben wird, erfordert zahlreiche Arbeitsschritte. Doch ist die Bearbeitung weniger mühsam als die des Zuckerrohrs oder der Baumwolle. Zunächst pflückt man die rote Frucht, die Kaffeekirsche genannt wird. Dann folgt der schwierige Vorgang der Trocknung. Man schält den Samen aus seinem Fruchtfleisch und trocknet ihn sieben oder acht Tage lang auf riesigen Planen unter freiem Himmel, bis er grün wird. Da er leicht schimmelt, muß man ihn, wenn nötig, schnell abdecken, um ihn vor Regen zu schützen. Dann muß man ihn immer wieder wenden und nach und nach die schlechten Bohnen aussortieren. Schließlich wird der Kaffee geröstet, wobei er ein Fünftel seines Gewichts verliert und braun und glänzend wird.

Schwächere und kranke Sklaven arbeiten an der Verfeinerung des Kaffees. Dabei werden die Kaffeebohnen enthäutet und dann in großen Mörsern mit speziell geformten, durch Wasserkraft angetriebenen Stampfern pulverisiert. Anschließend wird das Pulver gesiebt. An Sonntagen oder wenn die Arbeit eilt, wird manchmal eine Prämie gezahlt.

Strenge Überwachung, häufige Strafen, überall droht die Peitsche: Ein Aufseher wacht über die Arbeit auf der Plantage.

Viele weiße Pflanzer beschäftigen eigens Leute, die sich um die Sklaven kümmern. Diese Aufseher haben die Aufgabe, die Sklaven ständig zu überwachen, sie zu züchtigen und zu bestrafen. Außerdem sorgen sie dafür, daß die Arbeit auf der Plantage gut gemacht wird. Sie kontrollieren den täglichen Ertrag eines jeden Sklaven auf den Feldern, durchsuchen regelmäßig die Hütten der Schwarzen nach Waffen oder Diebesgut.

„Patter rollers", bewaffnete Reiterpatrouillen, durchstreifen das Land auf der Suche nach entflohenen Sklaven. Unterstützt werden sie noch von Kopfgeldjägern, die einzeln oder in Gruppen mit speziell dressierten Bluthunden auf geflohene Sklaven Jagd machen.

Ab acht Uhr abends herrscht Ausgangssperre: Nach dieser Stunde darf sich kein Sklave mehr außerhalb der Behausungen aufhalten. Niemand darf die Plantage ohne

Entlaufene Sklaven, im Spanischen „cimarron", heißen im Englischen „maroons", im Französischen „marrons" (Kastanien). Die Massenflucht scheint selten gewesen zu sein. Nur in der französischen Kolonie Santo Domingo kommt es dazu. Wesentlich häufiger ist die Flucht einzelner, die oft nur für kurze Zeit entkommen, bevor man sie wieder einfängt.

KAFFEERNTE

Die Ernte ist noch der kleinste Teil der Arbeit auf den Kaffeeplantagen. Bei schönem Wetter ist sie vor allem eine Geduldsarbeit. Viel anstrengender ist die Einrichtung einer Plantage, wenn die Sklaven den Wald urbar machen, ihn abholzen und die Stauden anpflanzen müssen. Unter den Augen des Besitzers (links) werden die Körbe voller Kaffeekirschen auf eine Trocknungsfläche ausgeschüttet. Während in den Zuckerplantagen die Besitzer meistens abwesend sind, überwachen die Kaffeepflanzer oft die Arbeit vor Ort. Der Herr geht in der Regel weniger hart mit seinen Sklaven um als sein Personal. Die Verwalter – nur darauf bedacht, sich schnell zu bereichern – haben kein Interesse an der Schonung des menschlichen Kapitals.

IN DEN PLANTAGEN

Die mit langen, gedrehten Stangen versehenen Halsbänder sollen die Sklaven daran hindern, sich im Dikkicht zu verstecken oder in den Wald zu fliehen. Solche abstehenden Stangen verfangen sich in den Ästen und Zweigen. Ähnlich unmenschliche Geräte sind die mit Glocken versehenen Halseisen. Sie werden Sklaven angelegt, bei denen man einen Fluchtversuch befürchtet. Das Läuten der Glocken verrät, wo sich ihr Träger gerade aufhält.

ZÜCHTIGUNG DER SKLAVEN

Strafen – für das geringste Vergehen oder aus reiner Willkür – gehören zum täglichen Brot des Sklaven. Ein entlaufener Sklave z. B. wird mit der Peitsche bestraft, eine oder mehrere Wochen lang in Ketten gelegt oder seines freien Sonntags beraubt. Ein Fluchtversuch, der länger dauert, d. h. mehr als zwei Monate, gilt als schweres Verbrechen und wird damit geahndet, daß man den Sklaven erneut brandmarkt. Die Fesselung in den schmerzhaftesten Stellungen bezeugt die sadistische Phantasie einiger Besitzer und der Mehrzahl der Verwalter. Die Aufsicht durch freigelassene Farbige ist kaum weniger hart. Völlige Abgeschiedenheit und die Entfernung von der Hauptstadt begünstigen die Mißachtung der Gesetze zum Schutz der Sklaven. Die Härte der Strafen scheint gegen Ende des 18. Jahrhunderts nachzulassen.

Grund verlassen. Fast jeder Kontakt der Sklaven mit der Außenwelt, vor allem mit freien Schwarzen und Fremden, ist verboten. Die Vorschriften untersagen es einem Sklaven, sich mit anderen zu schlagen, zu fluchen, Alkohol zu besitzen oder irgend etwas zu kaufen.

Der Katalog der Strafen reicht vom Essensentzug bis zur Markierung mit Brenneisen. Es ist auch sehr verbreitet, den Sklaven Eisenkugeln oder Ketten an die Beine zu schmieden. Vor allem die Peitsche wird von einem Verwalter oder sogar von extra dafür eingestellten „Auspeitschern" eingesetzt. In die aufgerissene Haut gießt man oft Salzwasser, um den Schmerz zu erhöhen und gleichzeitig die Wunden zu desinfizieren: ein doppelter Effekt.

Nur aus Wut oder wegen besonderer Umstände läßt der Besitzer sich dazu herab, seine Sklaven persönlich auszupeitschen. Die weißen Damen ihrerseits sind zu „zartfühlend", um eigenhändig zu strafen.

Bestrafung ohne Vergehen

Während des gesamten 18. Jahrhunderts werden die Sklaven mit sadistischer Grausamkeit bestraft. Markierung mit dem Brenneisen, Entmannung oder das Abschneiden von Hand und Ohren sind bis zum Ende des 18. Jahrhunderts geläufige Praktiken. In einer Anordnung vom 3. Dezember 1784 verbietet der Gouverneur der französischen Insel Santo Domingo den Besitzern „unter Androhung des Ehrverlusts", ihre Sklaven zu verstümmeln. Außerdem wird es nun auch strafrechtlich verfolgt, wenn der Besitzer seinen Sklaven totschlägt oder ihm mehr als 50 Peitschenhiebe auf einmal versetzt.

Das Königreich der Peitsche

Im Verlauf des 19. Jahrhunderts ersetzt die Peitsche nach und nach die unmenschlichsten Praktiken gegen die Sklaven. Verwalter, die sie zu oft oder zu hart anwenden, werden kritisiert, da das Auspeitschen Fluchtgedanken nährt. Dennoch wird die Peitsche häufig mißbraucht, wie ein Gegner der Sklaverei, Benjamin Frossard, gegen Ende des 18. Jahrhunderts schreibt: „Die Peitsche, die benutzt wird, um den Rücken eines Negers zu zerfetzen, ist nicht schwerer als die, die unsere Postillione gebrauchen. Aber welcher Unterschied zwischen dem Charakter eines Postillions und dem eines Aufsehers! Ist es jemals vorgekommen, daß jener sein Pferd so geschlagen hat, daß es nicht mehr zu gebrauchen war?" Nicht selten weigern sich die Sklaven, sich der Peitsche zu unterziehen, selbst auf die Gefahr schwerster Folterungen hin. Ein Aufseher aus Georgia meint dazu: „Es gibt Neger, die entschlossen sind, sich niemals von einem Weißen auspeitschen zu lassen, und sie würden Widerstand leisten, wenn man es versuchte. Natürlich", so schließt er, „bleibt einem in einem solchen Fall nichts anderes übrig, als sie zu töten."

Ist ein Sklave für die Feldarbeit nicht kräftig genug, nimmt man ihn als Diener ins Herrenhaus.

Da die Mütter den ganzen Tag über auf den Feldern arbeiten müssen, werden die Sklavenkinder von alten schwarzen Ammen oder älteren Kindern beaufsichtigt. Mädchen von acht bis zehn Jahren haben die Aufgabe, sich um die Kleinkinder und Säuglinge zu kümmern. Die Kindheit eines Sklaven endet mit dem 12. Geburtstag. Von diesem Tag an geht er mit seinen Eltern aufs Feld. Im Prinzip führt er dann dasselbe harte Leben wie die erwachsenen Sklaven, nur daß er anfangs noch leichtere Arbeiten verrichtet. Ist er nicht kräftig genug, kann er als Diener im Herrenhaus beschäftigt werden.

Auf allen Plantagen, großen oder kleinen, leben die weißen Pflanzer und ihre Hausklaven sehr eng zusammen. Die Sklaven schlafen häufig am Fuß des Bettes oder im selben Bett wie die Kinder ihrer Herrschaften. Draußen spielen weiße und schwarze Kinder zusammen. Eine

schwarze Amme überwacht die Arbeit der weißen Dienstboten, eine Sklavin dient persönlich ihrer Herrin, ein schwarzer „Mann für alles" hilft seinem weißen Herrn, wenn dieser viel zu tun hat – nicht nur auf dem Feld.

Ein Plantagenbesitzer hat die totale Verfügungsgewalt über seine Sklaven. Er kann die Familien der Schwarzen jederzeit auseinanderreißen.

Dieses vieldeutige Beziehungsverhältnis wird auf seiten der Weißen oft von Mißtrauen überlagert, auf seiten der Schwarzen von Haß. Die Sklaven leben ständig in Angst, verkauft, ihren Familien entrissen und weit weggebracht zu werden. Gelegentlich werden Hochzeiten unter den Sklaven gefördert, aber die Heiratsformel „bis daß der Tod uns scheidet" läßt man weg. Da ein Sklave jederzeit weiterverkauft werden kann, bestimmt sein Herr darüber, ob er heiraten darf oder nicht. Die Sklavin eines anderen Herrn kann nicht geheiratet werden. Außerdem erkennt das Gesetz die Ehe zwischen Sklaven nicht an. Schon die gewaltsame Trennung von Eheleuten, wenn ein Partner verkauft wird, ist herzzerreißend, aber die Trennung der Kinder von den Eltern ist noch furchtbarer. Eine Sklavin erzählt: „Ich hatte dreizehn Kinder und habe sie alle, als Sklaven verkauft, weggehen sehen, und als ich mit dem ganzen Schmerz einer Mutter weinte, hat nur Jesus mich gehört."

Domestike zu sein, ist ein Privileg. Die Dienerschaft, eine Minderheit unter den Sklaven, gehört zu dem vorzeigbaren Reichtum der Pflanzer. Die Männer sind Köche oder Kutscher, die Frauen Wäscherinnen, Plätterinnen, Zimmermädchen, Zofen oder Ammen. Die Hausdiener wohnen getrennt von den anderen Sklaven. Sie gehören fast zur Familie und wissen alles über alle.

IN DEN PLANTAGEN

Krankheit, Erschöpfung, schlechte Behandlung, Epidemien, sogar Selbstmorde... Viele Sklaven finden auf den Plantagen den Tod.

Einige Sklaven sterben bereits im ersten Jahr nach ihrer Ankunft. Außerdem ist die Geburtenrate auf den Plantagen eher niedrig: Die Schwarzen zögern, Kinder in die Welt zu setzen, die zur Sklaverei verurteilt sind. Die Pflanzer sehen es nicht gern, wenn sich schwarze Familien bilden, da sie ihre Sklaven ohne Geschrei und Probleme verkaufen wollen. Sie ziehen es vor, einen Erwachsenen zu kaufen, dessen Arbeit sich sofort auszahlt, als mehrere Jahre ohne Gegenleistung ein Kind aufzuziehen. Hohe Sterblichkeit und niedrige Geburtenrate dezimieren die schwarze Bevölkerung so schnell, daß die Pflanzer ihren „Bestand" alle sieben oder zehn Jahre erneuern müssen.

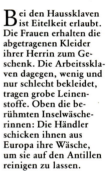

Diese Zustände ändern sich jedoch, als ein Bundesgesetz in den USA am 1. Januar 1808 die Einführung von Sklaven in die Vereinigten Staaten verbietet. Der Mangel an Arbeitskräften treibt die Preise hoch: Im Jahr 1850 zahlt man für einen Sklaven zehnmal mehr als am Ende des 17. Jahrhunderts.

Nun machen sich einige Pflanzer daran, eine richtiggehende „Sklavenzucht" zu betreiben. Sie wählen „Zuchthengste" und „Gebärmütter" aus. Der Preis für weibliche Sklaven im gebärfähigen Alter erreicht den von kräftigen Männern. In einigen Plantagen werden die Frauen dazu angehalten, jährlich ein Kind zu gebären. Die Haupt-„Breeding States", die Sklavenzuchtstaaten, sind Virginia, North Carolina, Maryland, Kentucky, Tennessee und Missouri. Durch zahlenmäßige Gleichheit von Männern und Frauen und durch die Gewöhnung der Schwarzen an das amerikanische Klima steigt die Geburtenrate unter den Schwarzen.

Bei den Haussklaven ist Eitelkeit erlaubt. Die Frauen erhalten die abgetragenen Kleider ihrer Herrin zum Geschenk. Die Arbeitssklaven dagegen, wenig und nur schlecht bekleidet, tragen grobe Leinenstoffe. Oben die berühmten Inselwäscherinnen: Die Händler schicken ihnen aus Europa ihre Wäsche, um sie auf den Antillen reinigen zu lassen.

Sechstes Kapitel
DRANG NACH FREIHEIT

In der Geschichte der Sklaverei hat es eine Vielzahl von Sklavenaufständen gegeben, die in den USA lange Zeit heruntergespielt worden sind. Die Besitzer schwarzer Arbeitskräfte leben in ständiger Furcht vor ihren Sklaven und gehen aus diesem Grund schon gegen den Versuch einer Revolte mit extremer Härte vor. Außer der Revolte gibt es für die Schwarzen jedoch kaum weitere Möglichkeiten, der Sklaverei zu entkommen: Freilassung ist die eine, Flucht die andere.

Die allegorische Figur von 1794 (links) ruft: „Ich bin frei!" Die Französische Revolution, die die Prinzipien der Menschen- und Bürgerrechte proklamiert, schafft die Sklaverei gegen den Widerstand der Händler und Pflanzer ab. Im Jahr 1802 allerdings wird die Sklaverei auf den Antillen, in Guyana und auf La Réunion durch Napoleon wieder eingeführt.

Einige der Plantagenbesitzer in den Südstaaten sind wohlwollende Patriarchen, die zwar einerseits die absolute Verfügungsgewalt über ihre Sklaven haben, sich andererseits aber auch für ihr Wohlergehen verantwortlich fühlen.

François Dominique Toussaint Louverture, der Held der Revolte von 1796 in Santo Domingo. Der charismatische Sklave wird General der Aufständischen und ruft die Schwarzen dazu auf, die französische Revolutionsregierung, die die Sklaverei abgeschafft hat, zu unterstützen. Er wird mit Ehren überhäuft und zum Nationalhelden erklärt. In Santo Domingo versucht er, eine schwarze Republik zu gründen. Am 1. Juli 1801 verkündet Louverture die Unabhängigkeit von Frankreich.

Viele Sklavenhalter entpuppen sich jedoch als grausame Tyrannen und Menschenschinder.

<u>Brutal niedergeschlagene Revolten der Schwarzen ziehen sich durch die gesamte Geschichte der Sklaverei.</u>

Der Widerstand der Schwarzen reicht von einfachen Rebellionen bis zur Errichtung eigener Staaten. Ein erster

DIE REVOLTE VON SANTO DOMINGO

Aufstand findet schon im Jahr 1526 in South Carolina statt. In Charlestown, der Stadt, in der 1861 auch der Bürgerkrieg beginnen soll, schart Denmark Vesey, ein freigelassener Sklave und Zimmermann, eine große Zahl von Schwarzen um sich. In den Kämpfen, die die Aufständischen führen, finden jedoch fast alle den Tod. Die Überlebenden werden nach der Niederschlagung der Revolte hingerichtet.
Ein weiterer großer Aufstand wird 1831 von dem Schwarzen Nat Turner in Jerusalem, der heutigen Stadt Courtland im Staat Virginia, angeführt. Turner, der behauptet, vom Heiligen Geist erleuchtet zu sein, stellt sich an die Spitze einiger mit Äxten bewaffneter Männer und tötet an einem Tag mehrere Familien – etwa 60 Personen –, bevor er gefangengenommen, verurteilt und hingerichtet wird. „Mein Ziel war es", sagt er während seines Prozesses, „überall Terror und Verzweiflung zu verbreiten."

Doch nicht nur in den USA gibt es Sklavenrevolten. Es kommt auch in den Kolonien der europäischen Mächte zu zahlreichen Aufständen. Die Sklavenrevolte, die Toussaint Louverture 1796 auf Santo Domingo anführt, bewirkt sogar die Ausrufung eines unabhängigen Schwarzenstaates auf der Insel, der bis 1802 besteht. 1808 rebellieren die Sklaven in Britisch-Guyana und 1816 in Barbados.

Im Jahr 1823 schließen 13 000 Sklaven in Guyana ihre weißen Besitzer ein und töten zwei Verwalter. Die Armee schlägt den Aufstand nieder, wobei etwa 100 Schwarze den Tod finden. Das Standrecht wird prokla-

Bei der Revolte auf Santo Domingo fliehen die weißen Grundbesitzer von ihren Plantagen. 1794 wird die Insel im Zug des englisch-französischen Kriegs von Spaniern und Engländern besetzt. Die Sklavenrevolte flammt 1796 wieder auf. Toussaint Louverture kann die Spanier und Engländer von der Insel vertreiben. Er unterliegt jedoch 1802 General Charles Victor Leclerc und wird nach Frankreich verschleppt, wo er 1803 stirbt. Sein Nachfolger J.J. Dessalines setzt den Kampf fort und zwingt die Franzosen im November 1803 zur Kapitulation. Dessalines verkündet am 1. Januar 1804 erneut die Unabhängigkeit der Insel. Von den 55 000 Mann, die Napoleon nach Santo Domingo geschickt hat, kehren nur 12 000 nach Hause zurück. Der Aufstand in Santo Domingo bleibt die einzige erfolgreiche Sklavenrevolte in Lateinamerika.

miert, 47 Sklaven werden gehängt, drei weitere zu 1 000 Peitschenhieben verurteilt. 1823 erheben sich in Jamaica 50 000 Schwarze. Auch auf den Antillen und in Brasilien kommt es zu zahlreichen Revolten. Zwischen 1807 und 1835 erschüttert eine ganze Reihe von Aufständen das brasilianische Bahia. Gebildete islamische Sklaven vom Stamm der Haussa und Yoruba führen die Aufständischen an.

Weiße und freigelassene Sklaven bilden die „Untergrund-Eisenbahn", eine Geheimorganisation, die bei der Flucht hilft.

Ein anderer Weg in die Freiheit ist die Flucht. Obwohl die Sklavenbesitzer jeden Fluchtversuch aufs schärfste bestrafen, bleibt sie doch für viele Sklaven eine große Versuchung (wie es die Zeile eines Liedes aus der damaligen Zeit andeutet: „Run, nigger, run. The patrol'll catch you…"). Immer wieder gelingt es Flüchtigen, die Freiheit zu erlangen, wovon man sich auf den Plantagen gerne erzählt.

Die Menschenjagd ist bestens organisiert. Die Vignette links unten illustriert den Expeditionsbericht Kapitän Jean Gabriel Stedmans gegen die Neger von Surinam (Niederländisch-Guyana) im Jahr 1772. Das Bild rechts, sehr viel später entstanden, ist Teil der Kampagne gegen die Sklaverei, deren größtes Ereignis das Erscheinen von „Onkel Toms Hütte oder Das Leben der Armen" von Harriet Beecher-Stowe im Jahr 1852 ist. Das Buch, eine flammende Anklage gegen die Sklaverei, wird ein immenser Erfolg.

SKLAVEN AUF DER FLUCHT

Die Geschichte der „Schwarzen Republik" Palmares, die von aus holländischen Plantagen entflohenen Sklaven im 18. Jahrhundert in den Urwäldern Surinams und Guyanas im Norden Südamerikas gegründet wird, ist ein besonders illustres Beispiel. Mehr als 50 Jahre widersteht Palmares wiederholten Angriffen durch die Armeen der Nachbarstaaten. Nicht zuletzt dieses legendäre Vorbild bewirkt, daß im Jahr 1847 von ehemaligen amerikanischen Sklaven der freie Staat Liberia an der afrikanischen Westküste gegründet wird. Allein zwischen 1822, dem Jahr, in dem die ersten freigelassenen Schwarzen hier wieder angesiedelt werden, und 1892 bauen sich 22 000 ehemalige Sklaven hier eine neue Existenz auf. Zunächst bleibt den Sklaven in den USA nur die Flucht. Um 1815 organisiert die „Underground-Railway", eine Geheimorganisation von Weißen und freigelassenen Sklaven, Fluchtwege und Auffangstationen, um die geflohenen Sklaven in die Nordstaaten oder nach Kanada zu bringen, wo sie sicher sind. Im Jahr 1850 funktioniert die „Untergrund-Eisenbahn" perfekt.

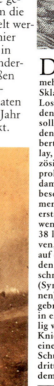

Die Sklavenhalternationen erlassen mehrere „codes noirs", Sklavengesetze, die das Los der Schwarzen in den Plantagen regeln sollen. Der „code noir", den Jean Baptiste Colbert, Comte de Seignelay, 1685 in allen französischen Besitzungen proklamiert, gilt zur damaligen Zeit als besonders liberal und menschlich. Das ist erstaunlich, vor allem wenn man z. B. Artikel 38 liest: „Einem Sklaven, der einen Monat auf der Flucht war, werden die Ohren abgeschnitten und eine Lilie (Symbol der Bourbonen) auf die Schulter gebrannt; und wenn er in einem Monat rückfällig wird, wird ihm das Knie gebrochen und eine Lilie auf die andere Schulter gebrannt; beim dritten Mal wird er mit dem Tod bestraft."

Die Pflanzer schließen sich ihrerseits zusammen und setzen in den USA 1850 ein Bundesgesetz durch, das die Polizisten aller Staaten dazu verpflichtet, sich an der Jagd nach entlaufenen Sklaven zu beteiligen. Im Jahr 1857 entscheidet der Oberste Gerichtshof, den Schwarzen Dred Scott, der in den Norden geflohen ist, wieder an seinen Besitzer in den Südstaaten auszuliefern. Die Reaktion, die diese Entscheidung in der öffentlichen Meinung auslöst, zählt denn auch mit zu den wesentlichen Ursachen des *Sezessionskriegs*.

Bevor man versucht, die Sklaverei abzuschaffen, wird zunächst der Sklavenhandel verboten.

Im Jahr 1807 bringt der englische Unterhausabgeordnete William Wilberforce, der bereits 1787 eine Gesellschaft zur Abschaffung der Sklaverei gegründet hatte, zum zweiten Mal ein Gesetz ein (der erste Versuch scheitert im Jahr 1791 am Widerstand des Oberhauses), das den Handel mit Schwarzen auf englischen Schiffen ab 1808 verbietet. Da dieser Handel finanziell ohnehin immer weniger rentabel wird, hat das Gesetz Aussicht auf Erfolg. Während der napoleonischen Kriege kommt der französische und englische Sklavenhandel fast gänzlich zum Erliegen. Daher gelingt es Wilberforce und einem Abgeordneten des Oberhauses, Sir William Wyndham Grenville, im Jahr 1807, die Abschaffung des Sklavenhandels für das gesamte britische Einflußgebiet durchzusetzen. Nun gilt es, diese Entscheidung auch in die anderen Handelsländer zu tragen. Zu diesem Zweck unterzeichnet England in 33 Jahren 28 Verträge.

Unter dem Druck Englands verurteilt der Wiener Kongreß (1814 – 1815) den Sklavenhandel. Der Vertrag von Aachen (1818) besiegelt das Abkommen der europäischen Mächte.

DAS VERBOT DES SKLAVENHANDELS

Freude bei den Sklaven – Bestürzung bei den Besitzern: Überall dieselben Reaktionen bei der Verkündung der Abschaffung der Sklaverei. Im Jahr 1833 feiert man die Befreiung auf den englischen Antillen (links). Auf den französischen Antillen wird die Sklaverei erst 1848 auf Betreiben des Abgeordneten Victor Schoelcher abgeschafft. Er ist der Verfasser des Dekrets vom 27. April 1848, das die Sklaverei verbietet.

Die Engländer bekämpfen den illegalen Sklavenhandel entschieden. Sie durchsuchen verdächtige Schiffe und nehmen die Sklavenhändler fest.

Die Abschaffung des Sklavenhandels trifft keineswegs auf einmütige Zustimmung. Wer durch den Sklavenhandel zu Reichtum gekommen ist, muß mit den neuen Gesetzen unzufrieden sein. Das offizielle Verbot hat einen beträchtlichen Preisanstieg für Sklaven zur Folge. Wider Erwarten kommt der Handel auch nicht zum Erliegen, sondern wird illegal weiterbetrieben. Daher gestehen die Regierungen der europäischen Nationen und die der Neuen Welt der britischen Marine das Recht zu, verdächtige Schiffe zu inspizieren und die Händler festzunehmen.

Spanien, Portugal und Frankreich unterzeichnen Verträge, denen zufolge jede Nation das Recht hat, ein Schiff einer anderen Nation abzufangen und zu durchsuchen, wenn der Verdacht besteht, daß es Sklaven transportiert. Obwohl das zu zahlreichen diplomatischen Zwischenfällen führt, unterzeichnet der neugewählte amerikanische

Das spanische Sklavenhandelsschiff „Faludo Uracan" (rechts) ist von einem englischen Kriegsschiff aufgebracht worden. Es ist eine Szene aus dem Kampf gegen den Sklavenhandel, der von der englischen Navy über 100 Jahre hinweg geführt wird. In Afrika dauert in dieser Zeit der von den Moslems betriebene Sklavenhandel an: Zwischen 1830 und 1873 werden über 600 000 Sklaven auf dem großen Markt von Sansibar verkauft.

JAGD AUF SKLAVENHÄNDLER

Präsident Abraham Lincoln 1862 einen entsprechenden Vertrag mit England. Von 1808 bis 1870 sind 30 Kriegsschiffe und 1000 Mann Besatzung mit solchen Patrouillen beschäftigt. Ab 1828 droht den ergriffenen Sklavenhändlern in England sogar die Todesstrafe.

Um den Kriegsschiffen, die die illegalen Sklavenschiffe verfolgen, entkommen zu können, verwenden die Händler einen neuen Schiffstyp. Dieser ist wendiger, länger und schneller, aber auch enger. Die Transportbedingungen der Sklaven sind daher schlimmer als je zuvor. Sie werden auf engstem Raum übereinandergestapelt, wodurch die Entstehung von Seuchen begünstigt wird. Zudem versuchen Kapitäne, deren Schiff aufgebracht wird, sich ihrer „Fracht" dadurch zu entledigen, daß sie sie einfach ins Meer werfen, um das „Beweismaterial" verschwinden zu lassen.

Insgesamt werden, wie wir heute wissen, 1287 Sklavenhändler gefaßt. In derselben Zeit werden aber immer noch 1 Million Sklaven in Süd- und Nordamerika angeliefert, vor allem von portugiesischen, brasilianischen und spanischen Schiffen.

„Der Sklavenhandel wird grausamer. (…) Sehen Sie die offiziellen Dokumente über die ‚Jeanne Estelle': An Bord befanden sich 14 Neger. Das Schiff wird überrascht – kein Neger ist mehr auffindbar. Man sucht vergebens. Schließlich hört man aus einer Kiste ein Stöhnen. Die Kiste wird geöffnet: Zwei junge Mädchen von etwa 12 bis 14 Jahren wären fast erstickt. Und mehrere Kisten derselben Form und Größe waren ins Meer geworfen worden."
Benjamin Constant, Rede am 27. Juni 1827 vor der Abgeordnetenkammer in Paris

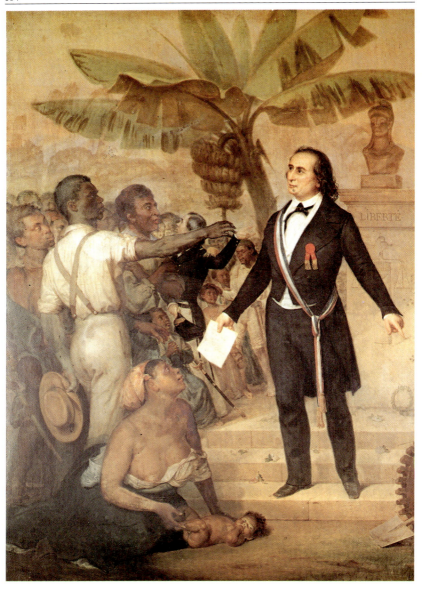

Siebtes Kapitel
DAS ENDE DER SKLAVEREI?

Die ersten Gegner der Sklaverei sind die Quäker, eine 1649 in England gegründete protestantische Sekte, die in Amerika besonders in Pennsylvania Fuß faßt. Die Quäker erklären schon 1688, daß die Sklaverei nicht mit dem Geist des Christentums vereinbar sei. In der „Protestation of Germantown" verurteilen sie Sklavenhandel und Sklavenhaltung.

Am 20. Dezember 1848 wird die Abschaffung der Sklaverei auf La Réunion proklamiert. Die Abschaffung der Sklaverei in den französischen Kolonien inspiriert eine ganze Reihe von Malern: Hier stillt eine weiße Mutter ein schwarzes Kind neben ihrem eigenen – eine Allegorie der Verbrüderung der Rassen.

116 DAS ENDE DER SKLAVEREI?

Der eigentliche Kampf um die Abschaffung der Sklaverei beginnt jedoch erst im 18. Jahrhundert. Und es sollen noch zwei Jahrhunderte vergehen, bis er beendet ist.

Der Sezessionskrieg (1861–1865) führt zur endgültigen Abschaffung der Sklaverei in den Vereinigten Staaten.

Um das Jahr 1815 leben in den USA etwa 8,5 Millionen Menschen. 1,5 Millionen davon sind Schwarze, von denen wiederum 1,3 Millionen Sklaven sind.

DIE ABSCHAFFUNG DER SKLAVEREI

Sklaven stellen fast ein Drittel der Gesamtbevölkerung der Südstaaten. In den vergleichsweise armen Nordstaaten, in denen aufgrund des kühleren Klimas keine Plantagenwirtschaft betrieben werden kann, gibt es dagegen seit einem Beschluß von 1837 keine Sklaven mehr. Die schon lange schwelenden Konflikte zwischen den Nordstaaten, die die Abschaffung der Sklaverei fordern, und den Südstaaten, die die Sklaven als billige Arbeitskräfte ausnutzen, kommen 1861 im Bürgerkrieg zum Ausbruch.

Die *Konföderation* der Südstaaten, die aus den USA ausscheiden will, verliert jedoch 1865 den Krieg. Mit dem Sieg der Nordstaaten wird am 31. Januar 1865 die Sklaverei auf dem gesamten Territorium der USA durch den 13. Zusatzartikel zur Verfassung endgültig abgeschafft. Seit dem Verbot des Sklavenhandels in den USA 1812 sind 53 Jahre verstrichen.

Die Abschaffung der Sklaverei.

Nach dem Verbot des Sklavenhandels beginnt die englische Regierung, auch ihre Politik in den westindischen Kolonien zu revidieren. So werden verschiedene Maßnahmen ergriffen, um das Schicksal der Sklaven zu erleichtern. Man verbietet die Peitsche, den sonntäglichen Sklavenmarkt und die Züchtigung von Frauen. Außerdem führt man einen

In den Vereinigten Staaten ist die Abschaffung der Sklaverei mit Freudenfesten verbunden. Artikel 13, der der Verfassung 1865 hinzugefügt wird, verbietet nicht nur die Sklaverei, sondern jede Form der Zwangsdienstbarkeit außer als gerichtliche Strafe für ein Verbrechen. Zahlreiche ehemalige Sklaven verlassen die Plantagen, aber einige Besitzer halten sie mit Gewalt zurück. Zur Lösung dieses Problems gründet die Bundesregierung im März 1865 das „Bureau of Freedmen, Refugees, and Abandoned Lands". In einigen Staaten des Südens werden die Sklaven aber sogar durch die Gesetzgebung, wie z.B. durch den „code noir" von Louisiana, gezwungen, auf den Plantagen zu bleiben.

Der Sezessionskrieg

Im November 1860 wird der Republikaner Abraham Lincoln zum Präsidenten der Vereinigten Staaten gewählt. Für die Südstaaten, in denen sich die größten Sklavenplantagen befinden, ist diese Wahl eine direkte Bedrohung: Lincoln ist ein erklärter Gegner der Sklaverei. Am 8. Februar 1861 trennen sich sieben Staaten von den USA ab. Sie organisieren sich in einer Konföderation, geben sich eine Verfassung und widersetzen sich der nördlichen Bundesregierung. Die Südstaatler besetzen Bundesforts, der Norden mobilisiert seine Armee. Vier weitere Staaten (Virginia, Tennessee, Arkansas und North Carolina) schließen sich den aufständischen Südstaaten an. Bei Kriegsausbruch stehen 11 Staaten im Süden den 23 Nordstaaten gegenüber. Auf der Seite des Südens sind es 9 Millionen Einwohner mit 3,5 Millionen Sklaven. Auf der Seite des Nordens 22 Millionen Einwohner, darunter 300 000 ehemalige Sklaven. Trotz der zahlenmäßigen Überlegenheit des Nordens dauert der Krieg vier lange Jahre.

Der Sieg der Gegner der Sklaverei

Als der Krieg 1861 ausbricht, strömen viele Sklaven über die Frontstaaten in Richtung Norden, um in den Camps der Nordstaatler Schutz und Freiheit zu erlangen. Im September 1862 wird die Aufhebung der Sklaverei mit Wirkung vom 1. Januar 1863 proklamiert. Die Gegner der Sklaverei unter den Grundbesitzern, die zum Norden stehen, erhalten 300 $ Entschädigung pro freigelassenen Sklaven. Im Dezember 1863 stehen 50 000 ehemalige Sklaven für den Norden unter Waffen. Und es werden immer mehr. Angesichts der Sklavenbataillone rast der Süden vor Wut und vervielfacht die Grausamkeiten gegen schwarze Kriegsgefangene. Der Krieg endet am 9. April 1865 mit der Kapitulation der konföderierten Südstaaten.

zusätzlichen freien Tag für die religiöse Erziehung der Schwarzen ein. Mädchen, die nach 1823 zur Welt kommen, werden freigelassen, die tägliche Arbeitszeit wird auf neun Stunden begrenzt. Die Sklaven erhalten sogar das Recht, vor Gericht auszusagen.

Am 29. August 1833 schließlich, 26 Jahre nach dem Verbot des Sklavenhandels in England, stimmen nun auch die Kommunen der englischen Kolonien für die Abschaffung der Sklaverei. Die Pflanzer erhalten eine Abfindung von 20 Millionen Pfund (ungefähr die Hälfte des Marktwerts ihrer bisherigen Sklaven). Alle Kinder unter sechs Jahren werden sofort freigelassen, die Erwachsenen nach einer Übergangszeit.

Dänemark und Frankreich sind jedoch die ersten Staaten, die die Sklaverei abschaffen. Im Falle Frankreichs allerdings wird die Sklavenhaltung zwar 1794 offiziell verboten, 1802 jedoch unter Napoleon Bonaparte wieder eingeführt. 1827 wird der Sklavenhandel verboten, die Sklaverei selbst jedoch endgültig erst 1848. Und erst 15 Jahre später gelingt es, die Abschaffung der Sklaverei auch in den französischen Kolonien durchzusetzen.

In anderen Ländern dauert es noch länger. In den portugiesischen Kolonien gibt es erst 1878 keine Sklaverei mehr, in Brasilien wird der Handel 1850, die Sklaverei sogar erst 1888 verboten.

Wenig bekannt ist wohl, daß das Ende des „Ebenholz"-Handels im Westen nicht gleichzeitig das Verschwinden der Sklaverei in Afrika zur Folge hat. Bis in die zweite Hälfte des 20. Jahrhunderts besteht der Sklavenhandel in manchen islamischen Staaten fort. In Saudi-Arabien wird die Sklaverei erst 1963 abgeschafft, in der islamischen Republik Mauretanien sogar erst 1980.

Im Jahr 1926 verabschiedet der Völkerbund eine internationale *Konvention* über die Sklaverei. Am 10. Dezember 1948 übernehmen die Vereinten Nationen (UN) in Paris den Artikel 4 dieser Konvention in die allgemeine Erklärung der Menschenrechte: „Niemand darf in Sklaverei oder Knechtschaft gehalten werden. Die Sklaverei und der Sklavenhandel sind in jeder Form verboten." 48 Staaten stimmen dafür, 8 enthalten sich aus verschiedenen Gründen.

Auch heute noch existiert eine Sklavereikommission der UN. Sehr wahrscheinlich ist sie nicht überflüssig, denn es gibt Hinweise darauf, daß noch immer Afrikaner bei Pilgerfahrten nach Mekka verkauft werden.

WIRKLICH DAS ENDE? 123

Zu Beginn des 19. Jahrhunderts verfügen einige Schwarze in Brasilien bereits über eine große Unabhängigkeit: Sie können es zu einem gewissen Wohlstand bringen wie diese Freigelassenen (oben), die auf eigene Rechnung Früchte verkaufen. Einige Sklaven haben die Möglichkeit, genug zu sparen, um sich ihre Freiheit zu erkaufen. Das Bild unten zeigt eine Szene vor der Unabhängigkeit Santo Domingos: Bei einem kleinen, improvisierten Fest vergnügen sich ehemalige Sklaven. Nacktheit oder ein einfacher Lendenschurz sind Symbole der Sklaverei. Die Freigelassenen demonstrieren ihre Freiheit durch die Sorgfalt, mit der sie sich kleiden.

Um die fehlenden Arbeitskräfte zu ersetzen, erproben die Pflanzer verschiedene Systeme.

Man versucht, die Schwarzen durch „freie Arbeiter", die aus Asien gerufen werden, zu ersetzen. Aus China und Indonesien kommen etwa 1 Million Menschen. Deren Einwanderung führt zu einer neuen Form der Sklaverei.

Die beiden Fahnen, die der amerikanische Adler in seinen Krallen hält, repräsentieren die beiden Passagiere der Gondel: den Weißen und den Schwarzen, der seine Eisenketten wegwirft. Ein Wunschbild für die amerikanische Einheit und den menschlichen Fortschritt, der Barbarei und Sklaverei weit hinter sich läßt.

Sie entwickelt sich vor allem in Britisch-Guyana und in Surinam, auf den Inseln Trinidad und Mauritius sowie in Südafrika: Dort arbeiten die Asiaten unter Bedingungen, die sich kaum von denen der Sklaven unterscheiden.

Der Anbau von Zuckerrohr verliert am Ende des 19. Jahrhunderts an Bedeutung, weil die europäische Landwirtschaft inzwischen Zucker aus Zuckerrüben produziert.

NEUE FORM DER SKLAVEREI 125

Der Negersklavenhandel hat das Gesicht der Welt entscheidend verändert. Am Ende des Mittelalters orientierte sich Afrika an den Mittelmeerländern. Die mächtigsten afrikanischen Königreiche lagen in Zentral- und Westafrika. Im 18. Jahrhundert verlagert sich das politische Gewicht an die Guinea-Küste, weil die Macht der Sklavenhandel treibenden Küstenstaaten durch den Einfluß der weißen Sklavenhändler wächst, während die Nachbarstaaten im Landesinneren zum Ziel von Sklavenraubzügen werden.

Auch in Amerika hat der Sklavenhandel weitreichende Folgen: Dazu gehören nicht nur die Gründung von „Schwarzen Staaten" wie Haïti, Jamaica und Trinidad, sondern auch das Problem der schwarzen Minderheit in den USA. Schließlich bringen die Sklaven einen Teil ihrer Kultur mit, der um die Welt geht: ihre Musik. Daraus entstehen die Negro Spirituals und der Jazz, die afrokubanische Musik und die brasilianische Samba.

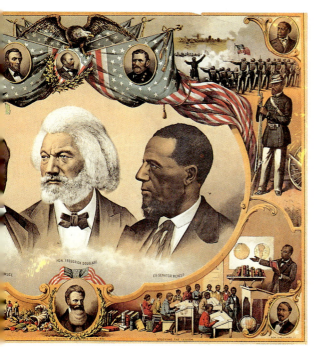

Als Abraham Lincoln (1809–1865) die Proklamation zur Befreiung der Sklaven 1863 unterschreibt, erscheinen in vielen Zeitungen Karikaturen wie diese oben. Lincoln ist ein Held, dessen Amerika sich heute rühmt. Als Sohn armer Pioniere in Indiana lernt er mit 18 Jahren die harten Lebensbedingungen der Sklaven am Mississippi kennen. Das ist entscheidend für sein ganzes weiteres Leben. Er wird Anwalt und läßt sich in den Kongreß wählen, wo er durch seine Forderung nach der Abschaffung der Sklaverei auf sich aufmerksam macht. Schließlich wird er als Republikaner 1860 zum 16. Präsidenten der Vereinigten Staaten gewählt. Nach seiner Wiederwahl im Jahr 1864 will er sich nach dem Krieg durch eine Politik des Wiederaufbaus mit dem Süden versöhnen. Aber 1865 wird er von einem fanatischen Südstaatler ermordet.

Die Sklaverei ist untrennbar mit dem Rassismus verbunden.

Sklaverei als solche gibt es heute kaum noch. Aber sie ist die Wurzel, die dem Rassismus und dem politischen System der Apartheid zugrunde liegt.

Schon 1816 werden in New Orleans die ersten Vorkehrungen für die Rassentrennung von Weißen und Schwarzen an öffentlichen Orten getroffen. Um eine totale Kontrolle zu ermöglichen und die Unterwerfung der Schwarzen zu erhalten, versucht man ihnen das Gefühl zu vermitteln, minderwertig zu sein.

Dieses große allegorische Gemälde bezieht sich auf das Dekret vom 27. April 1848. Mehr als die Forderungen nach Freiheit und Gleichheit werden hier die Gefühle in Szene gesetzt: die „Großzügigkeit" Frankreichs und der Freudentaumel der befreiten Sklaven.

APARTHEID UND RASSISMUS

Erst seit den 60er Jahren unseres Jahrhunderts beginnt die Aufklärungsarbeit von Leuten wie Martin Luther King jr. Früchte zu tragen. In den USA sind die Schwarzen heute wenigstens nach dem Gesetz gleichberechtigt mit den Weißen, auch wenn das in der Realität noch lange nicht der Fall ist. Gar nicht zu reden von Apartheidsstaaten wie Südafrika...

ZEUGNISSE UND DOKUMENTE

Der Sklave. Handelsware und Besitz

Gab es auch schon vor dem Eingreifen der Europäer in die Geschichte der außereuropäischen Welt Sklaverei, so darf dieser Begriff doch nicht unter dem westlich-europäisch geprägten Blickwinkel betrachtet werden. Sklaverei war nie gleich Sklaverei. So lagen Welten zwischen der innerafrikanischen Sklaverei und der Sklaverei in den überseeischen Kolonien der Europäer, ebenso wie Welten zwischen ernstgemeinten Versuchen lagen, den Schwarzen einen im „Code Noir" festumrissenen Status zu geben, und der menschenverachtenden Weise, in der sich viele einzelne darüber hinwegsetzten.

Sklaverei in Westafrika vor dem transatlantischen Sklavenhandel

In Afrika gab es die Sklaverei schon, bevor die Europäer sich in den Handel einschalteten. Nicht nur in Nordafrika, wo weiße Sklaven im Dienst der Herrschenden standen, auch in den Gebieten, in denen sich große Stadtkulturen herausgebildet hatten, zum Beispiel in Timbuktu, war die Sklaverei bekannt. Es gab Kriegssklaven und Haussklaven. Von manchen Großgrundbesitzern wurden Sklaven auch als billige Plantagenarbeiter ausgenutzt.

Im Vergleich mit der Situation der Sklaven in den westindischen Kolonien und in Nordamerika scheint das Los der afrikanischen Sklaven erträglich gewesen zu sein: Die Sklaven, die entweder als Kriegsbeute oder durch Schuldknechtschaft in die Sklaverei geraten waren, besaßen Bürgerrechte. Sie konnten Befreiungsverfahren anstrengen, die ihnen, wenn sie erfolgreich verliefen, die volle Souveränität wiedergaben. Außerdem hatten sie ein Recht auf Eigentum. Im Kongo gab es sogar Sklaven, die selbst Sklaven besaßen. In jedem Fall wurde dem Sklaven das Recht auf eine eigene Familie zugestanden, und oft war es so, daß die Sklaven in die Großfamilie des Sklavenhalters wie ein weiterer Verwandter integriert wurden. Der Sklave war also in Afrika vor dem Eingreifen der Europäer niemals nur ein „Ding", er war niemals ein Besitz, mit dem man hätte umgehen können, wie die Europäer es später taten. Insofern ist das Argument der europäischen Sklavenhändler entkräftet, daß sie mit ihrem Gewerbe

DER SKLAVE. HANDELSWARE UND BESITZ

In manchen Gegenden Afrikas hat es bis in jüngste Zeit noch Sklaven gegeben. Hier eine Sklavenkarawane an der Grenze zwischen Niger und Nigeria, 1972.

nur eine afrikanische Sitte fortgesetzt hätten. Im Gegenteil, durch den Sklavenhandel in Westafrika haben sie entscheidende politische, wirtschaftliche und gesellschaftliche Veränderungen verursacht. Besonders deutlich wird dies, wenn man die traditionelle Wirtschaft der westafrikanischen Staaten betrachtet, die durch den Einfluß der Europäer im 16. Jahrhundert mehr und mehr zu Sklavenumschlagplätzen wurden.

Landwirtschaftliche und handwerkliche Produktion bestimmte bis zum 17. Jahrhundert den Alltag in den westafrikanischen Dörfern und Städten. Diese waren Teile von reichgegliederten Staaten, denen, ähnlich wie in Europa zu dieser Zeit, meist ein König vorstand.

Darüber hinaus gab es Märkte, auf denen einheimische Produkte gehandelt wurden, und solche, die ihre Waren von den Nachbarn im Norden und Westen bezogen. Schon lange bevor die Europäer nach Afrika kamen, existierte ein Handelsnetz, das sich über Tausende von Kilometern erstreckte. Diese weiten, gut funktionierenden Handelsbeziehungen nutzten die Sklavenhändler dann auch, als die Europäer durch ihren ständig steigenden Bedarf an Sklaven den Sklavenhandel in Westafrika zu einem bedeutenden Element der Wirtschaft

Flüchtige Sklaven, August 1862.

werden ließen. Sklaven wurden aber nicht nur von weither durch den innerafrikanischen Handel an die Küste geschafft, auch in unmittelbarer Nähe der großen Häfen Glehwe, Porto Novo, Popo, Onim (Lagos) und Dakar wurden Sklaven gefangen. Oft waren es Angehörige von benachbarten Stämmen. Begünstigt durch die wirtschaftliche Macht, die einzelne Staaten durch den Sklavenhandel erreicht hatten, entstanden mächtige Reiche. Einzelne große Händler sammelten damals Kapital und Macht, viele kleine Bauern und Handwerker hatten jedoch unter der ständigen Angst zu leiden, Sklavenräubern in die Hände zu fallen.

Da viele Energien im Sklavenhandel aufgerieben wurden, weil gerade die jungen und arbeitsfähigen Menschen in die Sklaverei nach Übersee verschleppt wurden, wirkte sich der Sklavenhandel trotz des finanziellen Erfolgs einzelner afrikanischer Händler insgesamt sehr negativ auf die Gesellschaft und die Wirtschaft Westafrikas aus. Unermeßliches Leid mußten die verschleppten Sklaven in den Kolonien und in Amerika ertragen, unermeßlich war aber auch das Leid der daheim Zurückgebliebenen, die ihre Familie auseinandergerissen sahen und ihre Lebensgrundlage auf Generationen hin zerstört fanden.

Erst nach dem internationalen Verbot des Sklavenhandels stellten sich die westafrikanischen Staaten Mitte des 19. Jahrhunderts mehr und mehr auf die Erzeugung und den Export anderer Produkte wie z.B. Palmöl, Kaffee, Kakao und Kautschuk um. Bevor sie zu wirklicher Selbständigkeit gelangten und zu modernen Industrienationen werden konnten, mußten sie aber noch eine Phase der Ausbeutung durch die europäischen Kolonialgesellschaften durchmachen. Doch dies ist ein anderes Kapitel der afrikanischen wie auch der europäischen Geschichte.

Frank von Berger

DER SKLAVE. HANDELSWARE UND BESITZ

Der Franzose Pruneau de Pommegorge war 22 Jahre lang als Angestellter der französischen Indien-Kompanie in den Faktoreien Afrikas unterwegs, wo er u. a. auch als Ankäufer von Sklaven auftrat. Er schrieb 1789 in einem Bericht darüber:

Eines Tages ging ich zu einem Händler, zu dem ich gerufen wurde; man stellte mir verschiedene Gefangene vor, u.a. eine junge Frau von zwanzig bis fünfundzwanzig Jahren, die sehr traurig und von Schmerz überwältigt war, mit etwas hängender, aber doch voller Brust, was mich vermuten ließ, daß sie ihr Kind verloren hatte. Ich fragte den Händler danach, und er antwortete mir, daß sie kein Kind hätte. Da es dieser unglücklichen Frau unter Lebensgefahr verboten war zu sprechen, und um mich ihres Zustandes zu vergewissern, preßte ich ihre Brust, aus der genug Milch trat, um mich zu belehren, daß sie stillte. Ich bestand darauf, daß sie ein Kind hatte, was der Händler weiterhin abstritt; mittlerweile ungeduldig geworden ob meines Insistierens, sagte er mir, daß mich dies im übrigen nicht davon abzuhalten brauchte, die Frau zu kaufen, da das Kind am Abend den Hyänen vorgeworfen würde. Ich blieb unentschlossen, war bereit, mich zurückzuziehen, um mich meinen Überlegungen über diese schreckliche Tat zu überlassen; aber die erste Idee, die mir in den Sinn kam, war, daß ich das Leben dieses Kindes retten könnte. Deshalb sagte ich dem Händler, daß ich die Frau kaufen würde unter der Bedingung, daß er mir das Kind auslieferte. Er ließ es mir augenblicklich bringen, und ich

gab es sofort seiner Mutter, die, nicht wissend, wie sie mir ihre Dankbarkeit bezeugen konnte, Erde in ihre Hand nahm, um sie sich gegen die Stirne zu werfen.

Auch wenn ich bei dieser Gelegenheit nichts getan habe, was nicht jede andere ehrbare Seele an meiner Stelle ebenso getan hätte, zog ich mich mit einem wunderbaren Gefühl zurück, das dennoch mit Schrecken vermischt war; aber ich war so befriedigt, daß ich niemals wieder eine vergleichbare Befriedigung empfunden habe.

Pruneau de Pommegorge:
„Beschreibung der Negerschaft"

Die Sklavenhändler mußten in Afrika an der Guineaküste im Jahr 1780 für einen tadellosen männlichen Sklaven folgende Waren eintauschen (Äquivalenzliste):

    10 Unzen Gold (310 g)
    27 dänische Flinten
  160 dänische Reichstaler
  240 m dänischer Kattun
  320 Pfd. Schießpulver
  710 Liter dänischer
      Kornbranntwein
  815 Liter Rum
250 000 Kauris
315 000 Flintsteine

Aus: Christian Degn:
„Die Schimmelmanns"

Sklavenmarkt in den USA, 19. Jahrhundert.

Hatte ein weißer Herr in Amerika einen guten, tüchtigen Sklaven erstanden, wollte er keinesfalls wieder auf seinen Besitz verzichten. Für entlaufene Sklaven wurden daher Belohnungen ausgesetzt, und umgehend wußten clevere Geschäftemacher, Kapital daraus zu schlagen, indem sie ihre Dienste als Sklavenfänger anboten.

500 Dollar Belohnung

Am 25. Mai (1852) entlief dem Unterzeichner ein sehr heller Mulattenjunge, etwa 21 oder 22 Jahre alt, mit dem Namen Wash. Der genannte Junge könnte ohne genauere Untersuchung als Weißer durchgehen, da er sehr hellhäutig ist – er hat helles Haar, blaue Augen und ein gutes Gebiß. Er ist ein hervorragender Maurer. Aber wahrscheinlich wird er aus Angst vor Entdeckung seinem Gewerbe nicht nachgehen.

Obwohl er in der Erscheinung wie ein Weißer wirkt, hat er die Veranlagung eines Negers und freut sich an lustigen Liedern und witzigen Gesten. Er ist ein ausgezeichneter Hausdiener, sehr praktisch für ein Hotel, ist groß, schlank, und er hat eher einen demütigen Ausdruck, besonders wenn man ihn anspricht. Manchmal neigt er zur Schwermut. Ich zweifle nicht daran, daß er von einem Schurken weggelockt wurde, und ich werde die oben genannte Belohnung für die Wiederbeschaffung des Jungen und die Auslieferung des Diebes geben, wenn sie nach

DER SKLAVE. HANDELSWARE UND BESITZ

Chattanooga gebracht werden. Für den Jungen allein werde ich 200 Dollar geben oder 100, wenn er in einem Gefängnis der Vereinigten Staaten dingfest gemacht wird, so daß ich ihn mir holen kann.

George O. Rugland

„Chattanooga Gazette"
5. Oktober 1852

Zur Beachtung

Der Unterzeichner ist im Besitz einer hervorragenden Meute Bluthunde, um geflüchtete Sklaven aufzuspüren und zu fangen. Er gibt der Öffentlichkeit bekannt, daß der Preis für seine Dienste in Zukunft folgender sein wird:
Für jeden Tag mit Aufspüren und Jagen 2,50 Dollar
Für jeden gefangenen Sklaven 10,–– Dollar
Für Wege von mehr als 10 Meilen, um einen Sklaven zu ergreifen 20,–– Dollar
Bei Bedarf sind die Preise in bar zu entrichten. Der Unterzeichner wohnt eine und eine halbe Meile von Dadeville, Alabama, entfernt.

B. Black

„The Dadeville Banner",
10. November 1852

Die im Jahr 1685 von Jean Baptiste Colbert de Seigneley im Auftrag Ludwigs XIV. von Frankreich erlassenen Schwarzengesetze, der sogenannte „Code Noir", die vor allem den Katholizismus in den französischen Kolonien fördern sollten, vermochten es kaum, die Sklaven wirksam zu schützen. Das liegt zum Teil daran, daß ihre Einhaltung kaum überwacht werden konnte, doch auch daran, daß die Schwarzen auch weiterhin nur als „gute Möbel", als Besitztum und nicht eigentlich als Menschen angesehen wurden.

2. Alle Sklaven, die auf unsere Inseln kommen, werden getauft und in der katholischen, apostolischen, römischen Religion unterwiesen. Wir befehlen den Gouverneuren und Verwaltern der besagten Inseln, die Einwohner, die neu eingetroffene Neger gekauft haben, in einer Frist von höchstens acht Tagen, unter Androhung von Geldstrafen, darüber zu unterrichten; sie werden die notwendigen Befehle geben, um die Neger innerhalb einer angemessenen Zeit einzuschreiben und zu taufen.

3. Wir verbieten jede öffentliche Ausübung einer anderen Religion als die der katholischen, apostolischen, römischen. Zuwiderhandelnde werden als Rebellen und Ungehorsame gegen unsere Befehle bestraft. Wir verbieten alle Versammlungen zu diesem Zwecke, die wir als freimaurerisch, unerlaubt und verführerisch ansehen und die derselben Strafe ausgesetzt sind; diese wird auch gegen Herren vollstreckt, die sie bezüglich ihrer Sklaven hinnehmen oder erlauben. (...)

6. Wir befehlen unseren Staatsangehörigen, von welchem Stand und Beruf sie auch immer seien, die Sonntage und Feiertage, die von unseren Angehörigen der katholischen, apostolischen und römischen Religion begangen werden, einzuhalten. An

den besagten Tagen ist es sowohl verboten zu arbeiten als auch die Sklaven arbeiten zu lassen. (...)

7. Gleichzeitig ist es an den besagten Tagen verboten, den Negermarkt abzuhalten, wie auch den mit anderen Waren, unter gleichzeitiger Androhung von Konfiszierung der sich auf dem Markt befindlichen Waren und einer Geldstrafe gegen die Händler. (...)

11. Nachdrücklich verbieten wir es den Priestern, Ehen der Sklaven zu segnen, wenn diese nicht über die Zustimmung ihrer Herren verfügen; auch ist den Herren verboten, Zwang auf ihre Sklaven auszuüben, um diese gegen ihren Willen zu verheiraten.

12. Die Kinder, die aus Ehen zwischen Sklaven hervorgehen, sind Sklaven und gehören den Besitzern der Sklavenfrauen und nicht denen ihrer Ehemänner, wenn Ehemann und Frau verschiedene Besitzer haben.

13. Wir wollen, daß, wenn der Sklavenehemann eine freie Frau geheiratet hat, die Kinder, ob sie männlich oder weiblich sind, vom Stand ihrer Mutter sind und frei wie sie, trotz der Knechtschaft ihres Vaters; und wenn der Vater frei ist, und die Mutter Sklavin, werden damit auch die Kinder Sklaven.

14. Die Herren werden dazu angehalten, ihre getauften Sklaven in geweihter Erde und auf Friedhöfen, die zu diesem Zwecke bestimmt sind, zu beerdigen; jene, die sterben, ohne getauft worden zu sein, werden nachts auf einem Feld, nahe dem Ort, wo sie verschieden sind, beerdigt.

15. Wir verbieten es den Sklaven, sowohl Waffen wie auch große Stöcke zu tragen, unter Androhung der Peitsche und der Konfiszierung der Waffen zugunsten desjenigen, der sie ergriffen hat. Ausgenommen sind jene, die von ihrem Herrn auf die Jagd geschickt wurden und Träger von Billets oder Erkennungsmarken sind. (...)

21. Wir gestatten all unseren Angehörigen, den Einwohnern der Inseln, sich aller Dinge zu bemächtigen, die sie bei Sklaven finden, sofern diese nicht Erlaubnispapiere ihrer Herren oder Erkennungsmarken bei sich tragen; die Dinge müssen unverzüglich ihren Besitzern übergeben werden, sofern sich deren Behausung in der Nähe des Ortes befindet, an dem der Sklave ergriffen wurde; wenn nicht, werden sie unverzüglich in ein Gasthaus gebracht, um dort aufbewahrt zu werden, bis die Besitzer benachrichtigt sind.

22. Die Herren werden angewiesen, jede Woche ihren Sklaven, die 18 Jahre oder älter sind, für ihr Essen zweieinhalb Krüge – Pariser Maß – Maniokmehl zu liefern oder drei Maniokfladen, die jeder mindestens zweieinhalb Pfund wiegen, oder ein anderes Äquivalent; hinzu kommen zwei Pfund gesalzenes Rindfleisch oder drei Pfund Fisch oder andere gleichwertige Dinge; Kinder, wenn sie entwöhnt sind, erhalten bis zum 10. Lebensjahr die Hälfte er o.g. Lebensmittel.

Aus dem „Code Noir"

Die Philosophen und die Sklaverei

Während es den Philosophen in der Aufklärung darum ging, das Phänomen der Sklaverei zu erklären bzw. es als positive oder negative Zeiterscheinung zu werten, wurde die Sklavenhaltung im 19. Jahrhundert vorwiegend als politisches und wirtschaftliches Problem diskutiert.

Charles de Montesquieu.

Der französische Schriftsteller und Philosoph Charles de Montesquieu (1689 – 1755) suchte in seinem Werk „Vom Geist der Gesetze" (1748) ironisch nach Gründen, die die Sklaverei rechtfertigen könnten, obwohl er selbst gegen die Versklavung der Schwarzen war. Man darf jedoch annehmen, daß die Argumente, die er vorbringt, der Meinung der zeitgenössischen Befürworter der Sklaverei entsprachen.

Da die Völker Europas die Völker Amerikas ausgerottet hatten, mußten sie die Völker Afrikas zu Sklaven machen, um sie zur Urbarmachung so großer Gebiete zu benutzen. Der Zucker würde zu teuer sein, wenn man die Pflanzungen, die ihn erzeugen, nicht von Sklaven bearbeiten ließe.

Die Menschen, um die es sich dabei handelt, sind schwarz vom Kopf bis zu den Füßen und haben eine so platte Nase, daß es fast unmöglich ist, sie zu beklagen. Man kann sich nicht vorstellen, daß Gott, der doch ein allweises Wesen ist, eine Seele, und gar noch eine gute Seele, in einen ganz schwarzen Körper gelegt habe.

Es ist so natürlich zu glauben, daß gerade die Farbe das Wesen der Menschheit ausmache und daß die Völker Asiens, wenn sie Eunuchen machen, immer gerade die Schwarzen in besonders auffälliger Weise der Ähnlichkeit berauben, die sie mit uns verbindet.

Man kann auf die Hautfarbe von der Haarfarbe schließen, die bei den Ägyptern, den besten Philosophen der Welt, von so folgenschwerer Bedeutung war, daß sie alle roten Menschen, die ihnen in die Hände fielen, töten ließen.

Ein Beweis dafür, daß die Neger keine gesunde Vernunft haben, liegt darin, daß sie eine Halskette aus Glasperlen höher schätzen als eine aus Gold, das doch bei zivilisierten Völkern eine so große Bedeutung hat.

Es ist unmöglich sich vorzustellen, daß diese Leute Menschen seien, denn wenn wir sie für Menschen hielten, müßte man anfangen zu glauben, daß wir selbst keine Christenmenschen seien.

Kleine Geister übertreiben das Unrecht zu sehr, das man den Afrikanern zufügt: denn, wenn es wirklich so groß wäre, wie sie behaupten, sollte es dann nicht den Fürsten Europas, die untereinander so viele unnötige Verträge abschließen, in den Sinn gekommen sein, einen allgemeinen Vertrag hierüber zur Förderung der Barmherzigkeit und des Mitleids abzuschließen?

Charles de Montesquieu:
„Vom Geist der Gesetze"

François Marie Arouet de Voltaire (1694–1778), der von Friedrich II. aus Frankreich an den preußischen Königshof gerufen wurde, weil der König seinen brillanten Intellekt schätzte, fügte seinem Roman „Candide oder Der Optimismus" im Jahr 1758 ein Kapitel an, in dem er von der Begegnung Candides mit einem Sklaven in Surinam berichtet.

Als sie der Stadt näher kamen, trafen sie auf einen Neger, der am Boden lag. Er war mit einer Hose aus blauem Leinen nur halb bekleidet. Dem armen Menschen fehlte das linke

François Marie Arouet de Voltaire.

Bein und die rechte Hand. „Mein Gott", sagte Candide auf holländisch zu ihm, „was machst du da am Boden, mein Freund, in diesem schrecklichen Zustand?" – „Ich warte auf meinen Gebieter, Herrn Vanderdendur, den berühmten Handelsmann", erwiderte der Neger. „Hat Herr Vanderdendur dich so zugerichtet?" fragte Candide. „Ja", sagte der Neger, „das ist so üblich. Wir bekommen zweimal im Jahr als einziges Kleidungsstück eine Leinenhose. Wenn wir in den Zuckerfabriken arbeiten und die Mühle uns am Finger erwischt, hackt man uns die Hand ab; wenn wir fliehen wollen, schneidet man uns das Bein ab. Bei mir war beides der Fall. Das ist der Preis für den Zucker, den ihr in Europa eßt. Und doch sagte meine Mutter zu mir, als sie mich an der Küste von Guinea für zehn patagonische Taler verkaufte: ‚Mein liebes Kind, segne unsere Fetische, bete sie immer an, sie werden dir im Leben

DIE PHILOSOPHEN UND DIE SKLAVEREI

Glück bringen. Du hast die Ehre, ein Sklave unserer weißen Herren zu sein, und machst so das Glück deines Vaters und deiner Mutter.' Ach, ich weiß nicht, ob ich ihr Glück gemacht habe, *sie* haben jedenfalls das meine nicht gemacht. Die Hunde, die Affen und die Papageien sind tausendmal glücklicher als wir. Die holländischen Geistlichen, die mich bekehrt haben, predigen jeden Sonntag, wir seien alle Kinder Adams, Weiße wie Schwarze. Ich bin kein Genealoge, aber wenn diese Prediger die Wahrheit sagen, sind wir alle leibliche Vettern. Sie werden mir zugeben, daß man mit seinen Verwandten nicht schrecklicher umgehen kann."

„O Pangloß", rief Candide da aus, „diese Greuel hast du dir nicht vorstellen können. Das Maß ist voll: Ich werde schließlich doch deinem Optimismus entsagen müssen!"

Voltaire: *„Candide"*

Jean-Jacques Rousseau.

In seiner gesellschaftskritischen Philosophie vertrat Jean-Jacques Rousseau (1712–1778) die Anschauung, daß der Mensch von Natur aus gut sei und nur durch die Zivilisation verdorben würde. Der „edle Wilde" befindet sich – nach Rousseau – irgendwo in der Mitte zwischen dem Naturzustand und dem Entwicklungsstand der damaligen europäischen Gesellschaft. Für Rousseau ist diese Zwischenstufe die beste und glücklichste für die Menschheit. Daher sah er es als selbstverständlich an, daß man die afrikanischen „Naturkinder" nicht aus ihrer natürlichen Lebensweise reißen und in die Sklaverei verschleppen dürfe.

Da kein Mensch von Natur aus einen Machtanspruch über seinesgleichen hat und die Gewalt kein Recht begründet, bleiben nur die Vereinbarungen als Grundlage einer jeden legitimen Autorität unter den Menschen übrig. (...)

Ein Mensch, der Sklave wird, verschenkt sich nicht. Er verkauft sich höchstens für seinen Unterhalt. (...)

Wenn man sagt, ein Mensch verschenke sich umsonst, so sagt man etwas Widersinniges und Unbegreifliches. Das ist ungesetzlich und nichtig, schon allein dadurch, weil derjenige, der das tut, nicht zurechnungsfähig ist. Sagt man das von einem ganzen Volke, so setzt man voraus, es gäbe ein Volk von Irren. Irrsinn aber schafft kein Recht.

Wenn auch jeder Erwachsene sich veräußern könnte, so kann er das nicht für seine Kinder tun. Ihre Freiheit gehört nicht ihm. Niemand hat das Recht, darüber zu verfügen, als sie selbst. Ehe sie mündig sind, kann der Vater in ihrem Namen Abmachungen über die Bedingungen zu ihrem Wohlergehen treffen, aber unwiderruflich und bedingungslos kann er sie nicht veräußern. Eine derartige Veräußerung wäre naturwidrig und überstiege das Vaterrecht. Um eine Willkürherrschaft zu legitimieren, müßte das Volk sie mit jeder Generation aufs neue anerkennen oder verwerfen. Dann aber wäre diese Herrschaft nicht mehr willkürlich.

Auf seine Freiheit verzichten heißt, auf sein Menschtum, auf die Menschenrechte, sogar auf seine Pflichten zu verzichten. Wo man auf alles verzichtet hat, ist keine Entscheidung mehr möglich. Ein solcher Verzicht ist mit der menschlichen Natur unvereinbar. Es hieße, seinen Taten jeden sittlichen Wert nehmen, nimmt man seinem Willen jede Freiheit. Es wäre ein nichtiger und widersprüchlicher Vertrag, wollte man für die eine Seite eine absolute Herrschaft und für die andere einen grenzenlosen Gehorsam setzen. Ist es denn nicht klar, daß man dem gegenüber zu nichts verpflichtet ist, von dem man alles verlangen kann? Hebt diese Bedingung, der keine Gegenseitigkeit und kein Tausch gegenübersteht, den Akt nicht auf? Denn welches Recht hätte mein Sklave mir gegenüber, wenn alles, was er hat, sowieso mir gehört? Wenn sein Recht mein Recht ist? Mein Recht gegen mich selber ist aber ein sinnleeres Wort.

Jean-Jacques Rousseau:
„Die Sklaverei"

Alexis de Tocqueville.

Alexis de Tocqueville (1805 – 1859) sieht die Versklavung als menschenunwürdiges Übel und bekämpfte sie als Politiker aktiv. Er trat 1835 mit seinem Freund Gustave de Beaumont, mit dem er Amerika bereiste, in die Vereinigung zur Abschaffung der Sklaverei ein. Als Abgeordneter im Parlament, ebenso wie in zahlreichen Veröffentlichungen, arbeitete Tocqueville für die Abschaffung der Sklaverei. Er begründete seine Anschauung politisch und nicht mehr ethisch-philosophisch, wie es die „Aufklärer" taten.

Ein natürliches Vorurteil treibt den Menschen zur Geringschätzung des ihm einst Untergebenen, noch lange nachdem dieser sich ihm gleichgestellt hat; auf die wirkliche Ungleichheit nach Vermögen oder Gesetz folgt immer eine eingebildete Ungleichheit, die in den Sitten wurzelt; bei den Alten jedoch war diese Nebenwirkung der Sklaverei befristet. Der Freigelassene war dem Freigeborenen so ähnlich, daß deren Unterscheidung bald unmöglich wurde.

Das Schwierigste bei den Alten war die Änderung des Gesetzes; bei den Heutigen ist es die Änderung der Sitten, und bei uns beginnt die wirkliche Schwierigkeit da, wo sie für das Altertum endet.

Dies rührt daher, daß die nichtmaterielle und vorübergehende Tatsache der Sklaverei sich bei den Heutigen in der unheilvollsten Weise mit der körperlichen und dauernden Tatsache der Rassenverschiedenheit verbindet. Die Erinnerung an die Sklaverei entehrt die Rasse, und in der Rasse dauert die Erinnerung an die Sklaverei fort.

Kein Afrikaner hat sich freiwillig in die Neue Welt begeben; deshalb sind alle, die sich heutzutage dort befinden, Sklaven oder Freigelassene. So vererbt der Neger allen seinen Nachkommen das äußere Zeichen seiner Schmach. Das Gesetz kann die Knechtschaft beseitigen; Gott allein aber könnte deren Spuren tilgen.

Der heutige Sklave unterscheidet sich vom Herrn nicht nur durch die Freiheit, sondern auch durch die Abstammung. Ihr könnt dem Neger die Freiheit geben, ihr könnt aber nicht bewirken, daß er für den Europäer nicht in der Stellung eines Fremden sei.

Das ist noch nicht alles: In diesem Niedriggeborenen, in diesem Fremden, den die Knechtschaft uns gebracht hat, erkennen wir kaum die allgemeinen Züge der Menschheit. Sein Gesicht erscheint uns häßlich, sein Geist beschränkt, seine Neigungen roh; es fehlt nicht viel, daß wir ihn für ein Wesen zwischen Tier und Mensch hielten.

Haben die Heutigen einmal die Sklaverei abgeschafft, so müssen sie noch drei Vorurteile beseitigen, die viel unangreifbarer und zäher sind als die Sklaverei: das Herrenvorurteil, das Rassenvorurteil und endlich das Vorurteil des Weißen.

Wir, die wir das Glück haben, unter Menschen geboren zu sein, die durch Natur und Gesetz unseresgleichen sind, wir haben es schwer, die unüberbrückbare Kluft zu begreifen, die den Neger Amerikas vom Europäer trennt. Aber wir können uns eine entfernte Vorstellung davon machen, wenn wir einen Vergleich anstellen.

Wir haben bei uns einst große Ungleichheiten gesehen, deren Grundlage nur in der Gesetzgebung enthalten war. Was könnte fiktiver sein, als eine rein gesetzmäßig festgelegte Minderwertigkeit? Was stünde mehr im Gegensatz zum unmittelbaren Empfinden des Menschen als die Einführung dauernder Unterschiede zwischen Menschen, die offenkundig gleicher Art sind! Dennoch haben solche Unterschiede Jahrhunderte hindurch bestanden; sie bestehen noch an ungezählten Orten weiter; überall haben sie Spuren in der Vorstellung hinterlassen, welche die Zeit jedoch kaum auszulöschen vermag. Läßt sich die bloß gesetzlich geschaffene Ungleichheit schon so schwer ausrotten, wie soll jene beseitigt werden, die außerdem noch in der Natur selbst unveränderlich begründet scheint?

Wenn ich sehe, wie mühsam sich die aristokratischen Körperschaften, welcher Art sie sein mögen, in die Volksmasse einfügen und wie sehr sie darauf bedacht sind, jahrhundertelang die geistigen Schranken, die sie von ihr trennen, aufrechtzuerhalten, so gebe ich für mich die Hoffnung auf, jemals eine Aristokratie verschwinden zu sehen, die auf sichtbaren und unvergänglichen Merkmalen beruht.

Diejenigen, die an eine Vermischung von Europäern und Negern glauben, scheinen mir daher einem Trugbild nachzujagen. Vernunftmäßig kann ich es nicht glauben, und die Tatsachen zeigen mir nichts dergleichen an.

Bis jetzt haben die Weißen, wo sie die Mächtigeren waren, die Neger überall entwürdigt und versklavt. Überall, wo die Neger die Stärkeren waren, haben sie die Weißen vernichtet. Das ist die einzige Rechnung, die jemals zwischen den beiden Rassen bestand.

In den Vereinigten Staaten unserer Tage beginnt, wie ich sehe, die gesetzliche Schranke zwischen den beiden Rassen in gewissen Teilen des Landes zu fallen, nicht aber die der Sitten; ich sehe, daß die Sklaverei zurückgeht; das Vorurteil, dem sie entspringt, bleibt unerschüttert. (...)

Der freie Arbeiter wird bezahlt, aber er arbeitet schneller als der Sklave, und die Raschheit der Ausführung ist eine wesentliche Bedingung für Ersparnis. Der Weiße verkauft seine Hilfskraft, aber man kauft sie nur, falls sie von Nutzen ist; der Schwarze kann für seine Dienste nichts verlangen, aber man muß ihn die ganze Zeit ernähren; man muß ihn im Alter ebenso wie in seinen reifen Jahren erhalten, in seiner unergiebigen Kindheit wie während der fruchtbaren Jahre seiner Jugend, in kranken wie in gesunden Tagen. Man erhält somit die Arbeit dieser beiden Menschen nur gegen Bezahlung: der freie Arbeiter erhält einen Lohn; der Sklave erhält Schulung, Nahrung, Pflege, Kleider; das Geld, das der Herr für den Unterhalt seines Sklaven ausgibt, geht nach und nach und in kleinen Posten weg; man bemerkt es kaum: der Lohn, den man dem Arbeiter gibt, wird auf einmal ausbezahlt, und er scheint nur den Empfänger zu bereichern; in Wirklichkeit jedoch hat der Sklave mehr gekostet als der freie Mensch, und seine Arbeit ist weniger ergiebig ausgefallen.

Alexis de Tocqueville:
„Über die Demokratie in Amerika"

DIE PHILOSOPHEN UND DIE SKLAVEREI

Im Werk von Karl Marx (1818–1883) finden sich zahlreiche Passagen, in denen er sich mit der Sklaverei auseinandersetzt. Für Marx ging es dabei jedoch nicht vorrangig um die Abschaffung der Sklaverei, denn seine ökonomisch-politisch begründete Lehre ging davon aus, daß sich die Sklaverei in ihrer damaligen Form selbst überflüssig mache, weil sie für den Unternehmer bzw. den Plantagenbesitzer unrentabel würde. Ähnliche Gedanken hatten schon Alexis de Tocqueville und der englische Ökonom Adam Smith 1776 geäußert.

Die Mehrwertlehre von Marx besagt, daß der Wert jeden Gutes der zu seiner Erzeugung erforderlichen durchschnittlichen Arbeitszeit entspricht, also auch der Wert der Ware. In diesem System gilt die menschliche Arbeitskraft ebenfalls als Ware, was sich im Arbeitslohn (= Geld) ausdrückt. Dieser Lohn wird durch den Zeitaufwand bestimmt, der nötig ist, um einer Arbeiterfamilie den Lebensunterhalt zu gewähren. Der Unterschied zwischen den zum Leben notwendigen Gütern und den Gütern, die in der verbleibenden Zeit hergestellt werden, ist der Mehrwert, der in der Regel dem Unternehmer zufließt.

Als im 19. Jahrhundert die Mechanisierung der Arbeit einsetzte (z. B. die Einführung des automatischen Webstuhls in England und in Schlesien), war der Mehrwert für den Unternehmer durch den Einsatz von Maschinen leichter zu erzielen und fiel höher aus, als wenn ausschließlich Arbeiter (oder, in Amerika, Sklaven) die Arbeit erledigten. Somit wurde für Marx das Zeitalter der Sklaverei ganz von selbst abgelöst vom Zeitalter des Kapitalismus. Die Industrialisierung war für Marx das Instrument zur Sklavenbefreiung.

Karl Marx.

Die kapitalistische Produktionsweise unterscheidet sich von der auf Sklaverei gegründeten Produktionsweise unter anderem dadurch, daß der Wert, resp. Preis der Arbeitskraft sich darstellt als Wert, resp. Preis der Arbeit selbst oder als Arbeitslohn. (...)

In den Vereinigten Staaten von Nordamerika blieb jede selbständige Arbeiterbewegung gelähmt, solange die Sklaverei einen Teil der Republik verunstaltete. Die Arbeit in weißer Haut kann sich nicht dort emanzipieren, wo sie in schwarzer Haut gebrandmarkt wird. Aber aus dem Tod der Sklaverei entsproß sofort ein neu verjüngtes Leben. Die erste Frucht des Bürgerkriegs war die Achtstundenagitation, mit den Siebenmeilenstiefeln der Lokomotive vom Atlantischen

bis zum Stillen Ozean ausschreitend, von Neuengland bis nach Kalifornien. (...)
Die amerikanische Baumwollproduktion beruht auf der Sklaverei. Sobald die Industrie sich bis auf den Punkt entwickelt hat, wo ihr das Baumwollmonopol der Vereinigten Staaten unerträglich wird, sobald wird in andern Ländern die Baumwolle mit Erfolg massenhaft produziert werden, und zwar kann dies jetzt fast überall nur durch freie Arbeiter geschehen. Sobald aber die freie Arbeit andrer Länder der Industrie ihre Baumwollzufuhr ausreichend und wohlfeiler liefert als die Sklavenarbeit der Vereinigten Staaten, so ist mit dem amerikanischen Baumwollmonopol auch die amerikanische Sklaverei gebrochen, und die Sklaven werden emanzipiert, weil sie, als Sklaven, unbrauchbar geworden sind. Ganz ebenso wird die Lohnarbeit in Europa abgeschafft werden, sobald sie nicht nur keine notwendige Form mehr für die Produktion ist, sondern sogar eine Fessel für sie geworden ist.

Karl Marx/Friedrich Engels:
„Begriffslexikon"

John Stuart Mill.

Als Sohn eines englischen Philosophen und Predigers war John Stuart Mill (1806–1873) nicht nur als Nationalökonom, sondern auch auf philosophischem und sozialpolitischem Gebiet engagiert. Er machte sich u. a. Gedanken über den politischen Charakter der Sklavenhaltergesellschaft und über die Möglichkeit, sie durch eine bessere Gesellschaftsform zu ersetzen. Dabei dachte er nicht an eine Revolution, sondern an eine radikale und von einer oberen Instanz kontrollierte Vorwärtsentwicklung der Regierung.

Der typische Sklave ist ein Wesen, das es nicht gelernt hat, sich selbst zu helfen. Dem Wilden ist er zweifellos um einen Schritt voraus. Die erste Lektion politischer Erziehung braucht man ihm nicht mehr zu erteilen: Er hat zu gehorchen gelernt. Aber er gehorcht nur dem ausdrücklichen Befehl. Es ist das Kennzeichen des geborenen Sklaven, daß er nicht imstande ist, sein

Verhalten von selbst nach Regeln oder Gesetzen zu richten. Er kann nur das tun, was man ihm befiehlt, und dies nur dann, wenn man es ihm befiehlt. Er gehorcht, solange jemand neben ihm steht, den er fürchtet und der ihm mit Strafe droht; dreht er aber den Rücken, so bleibt die Arbeit ungetan. Das Motiv, das ihn antreiben soll, darf sich nicht an seine Interessen, sondern muß sich an seine Instinkte wenden und unmittelbare Hoffnung bzw. Furcht wecken. Ein despotisches Regierungssystem, das ein primitives Volk vielleicht gefügig zu machen vermag, wird, insoweit es eben despotisch ist, die Sklaven nur in ihrer Unfähigkeit bestärken. Indes wären sie einer Regierungsform, in der sie selbst Kontrolle über die Regierung ausübten, absolut nicht gewachsen. Eine Vorwärtsentwicklung ist ihnen aus eigener Kraft nicht möglich, sie muß ihnen aufoktroyiert werden. Der Schritt, den sie tun müssen und der allein sie dem Fortschritt näherbringt, besteht darin, daß sie aus der Willkürherrschaft hinaus unter die Herrschaft des Gesetzes gelangen. Man muß sie zur Selbstbeherrschung erziehen, und in der ersten Phase bedeutet dies die Fähigkeit, nach abstrakten Geboten zu handeln. Die Regierung, die ihnen nottut, muß sie leiten, nicht mit Gewalt beherrschen. Da sie aber noch auf einer zu niedrigen Stufe stehen, um sich irgendeiner Leitung mit Ausnahme der der Machthaber zu fügen, ist die ihnen angemessene Regierung diejenige, die über Macht verfügt, diese aber selten anwendet: eine patriarchalische Despotie oder Aristokratie, vergleichbar der St. Simonschen Form des Sozialismus. In einem solchen System bleibt eine allgegenwärtige Aufsicht über alle Vorgänge in der Gesellschaft bestehen, um jedem einzelnen das Gefühl einer Macht zu vermitteln, die stark genug ist, ihn zum Gehorsam gegenüber den festgesetzten Regeln zu zwingen, die aber doch infolge der Unmöglichkeit einer bis ins Kleinste gehenden Regulierung des Arbeits- und Lebensbereiches dem einzelnen notwendigerweise genügenden Spielraum für seine Selbständigkeit läßt. Ein solches Regierungssystem, das man ein System der Gängelung nennen könnte, scheint erforderlich zu sein, um ein Volk unter diesen Umständen möglichst rasch auf die nächstfolgende Stufe der gesellschaftlichen Entwicklung zu führen. Auf diese Weise scheinen die Inkas in Peru geherrscht zu haben, und der gleiche Gedanke hat die Jesuiten in Paraguay geleitet. Der Hinweis erübrigt sich wohl, daß das Gängelband nur zulässig ist, um ein Volk allmählich zum selbständigen Gehen zu erziehen.

John Stuart Mill:
„Betrachtungen über die repräsentative Demokratie"

Johann Gottfried Herder.

Der Theologe und Schriftsteller Johann Gottfried Herder (1744–1803) unternahm schon als junger Mann zahlreiche Reisen, auf denen er viele fremde Völker kennenlernte. Dabei gelangte er zur Anschauung, daß jedes Volk eine Kultur besitze und die Versklavung eines Volkes durch ein anderes tiefes Unrecht sei. Das Engagement, das die Quäker seit dem 17. Jahrhundert gegen die Sklaverei bewiesen, fand bei dem Humanisten größte Bewunderung.

Die Quacker, an welche der Brief denkt, bringen von Penn an eine Reihe der verdienstvollesten Männer in Erinnerung, die zum Besten unsres Geschlechts mehr getan haben als tausend Helden und pomphafte Weltverbesserer. Die tätigsten Bemühungen zu Abschaffung des schändlichen Negerhandels und Sklavendienstes sind ihr Werk; wobei indes überhaupt auch Methodisten und Presbyterianern, jeder schwachen oder starken Stimme jedes Landes ihr Verdienst bleibt, wenn sie taubsten Ohren und härtesten Menschenherzen, geizigen Handelsleuten, hierüber etwas zurief. Eine Geschichte des aufgehobenen Negerhandels und der abgestellten Sklaverei in allen Weltteilen wird einst ein schönes Denkmal im Vorhofe des Tempels allgemeiner Menschlichkeit sein, dessen Bau künftigen Zeiten bevorstehet; mehrere Quacker-Namen werden an den Pfeilern dieses Vorhofes mit stillem Ruhm glänzen. In unserm Jahrhundert scheint's die erste Pflicht zu sein, den Geist der Frivolität zu verbannen, der alles wahrhaft Gute und Große vernichtet. Dies taten die Quacker.

Johann Gottfried Herder: *„Briefe zur Beförderung der Humanität"*

Die Quäker (eine protestantische Sekte), die sich in Uniformen kleideten und eine streng moralistische Lebensauffassung hatten, traten in den Vereinigten Staaten schon sehr früh für die Abschaffung der Sklaverei ein. Der Quäker John Woolman war einer von vielen Wanderpredigern dieser Zeit, die durch Appelle an das soziale Gewissen der Weißen die Abschaffung der Sklaverei erreichen wollten. Auf einer Quäkerversammlung in Philadelphia im Jahr 1758 sagte er:

Sooft ich über die Reinheit des Wesens Gottes und seine Gerechtigkeit nachdenke, ist meine Seele von Furcht und Schrecken erfüllt. Ich kann nicht umhin, auf einige Fälle hinzudeuten, wo Menschen nicht mit reiner Gerechtigkeit behandelt wurden. Diese Fälle waren bedauerlich. Viele Sklaven in unserm Lande seufzen unter der Bedrückung, und ihre Schreie dringen an Gottes Ohr. Gottes Wille ist so rein und sicher, daß er zu unsern Gunsten keine Ausnahme machen wird. Er hat uns in unendlicher Liebe und Güte von einem zum andern Male geholfen, unsere Pflicht diesem armen Volke gegenüber zu verstehen; doch jetzt ist keine Zeit mehr zu verlieren. Wenn wir zwar fühlen, was er von uns verlangt, aber aus Rücksicht auf das private Interesse einiger Leute oder aus Gründen persönlicher Freundschaft... unsere Pflicht versäumen und immer weiter auf irgendwelche außerordentlichen Dinge warten, welche die Befreiung der Sklaven herbeiführen sollen, dann könnte es sein, daß Gott in seiner Gerechtigkeit uns durch schreckliche Ereignisse die Antwort gibt.

Alfons Paquet:
„Die Aufzeichnungen von
John Woolman"

Einer der Wegbereiter der Sklavenbefreiung war der Brite Thomas Clarkson, der zusammen mit dem Unterhausabgeordneten William Wilberforce und dem Rechtsgelehrten Granville Sharp dafür sorgte, daß die Sklavendebatte der 1770er und 1780er Jahre nicht nur im Bewußtsein der englischen Öffentlichkeit blieb, sondern auch parlamentarische Folgen hatte: Nach mehreren vergeblichen Anläufen in den 1780er Jahren und der Gründung der „Abolition Society" im Jahr 1787 konnte schließlich im Jahr 1807 – kurz vor dem Tod Thomas Clarksons – das Gesetz über die Abschaffung der Sklaverei in allen englischen Kolonien vom Parlament verabschiedet werden.

Stellen wir uns den Plantagenbesitzer der Zukunft vor: Er ist kein Tyrann und Zerstörer, sondern der Hirte und Beschützer seiner Sklaven. Stellen wir uns, umgekehrt, die Sklaven als diejenigen vor, deren Wunden er versorgt: Dankbar nehmen sie seine Wohltaten an, sie verehren und lieben ihn wegen seiner Gewissenhaftigkeit.

Stellen wir uns vor, die Sklaven machen jährlich größere Fortschritte in Glaubensfestigkeit und Wohlstand. Dann werden die Ketten der Tyrannei zerbrochen sein. Der Dämon der Folter wird seine Werkzeuge ins Meer werfen: Der Handel wird seine geblähten Segel ausbreiten; keine Beschämungen wird es mehr geben; Sicherheit und Zufriedenheit werden sich niederlassen; ein goldenes Zeitalter wird in Kürze die kolonialen Felder regieren. Und ein Punkt, der einst Schauplatz war von geballter Drangsal und Mord, wird das Heim von Friede, Sicherheit, Glück und Freude.

Wir können mit Sicherheit sagen, daß, welche Argumente auch immer der Moralist im Licht der Vernunft zu sammeln vermag oder der Humanist durch sein Gefühl, der Politiker und Staatsmann weitere Argumente aus der Quelle politischen Denkens schöpfen kann, die nach einer Abschaffung der Sklaverei schreien.

Christian Degn:
„Die Schimmelmanns"

Die Schwarzen in den USA heute

Trotz in der Verfassung verankerter Rechte waren und sind die Schwarzen in den USA objektiv benachteiligt. Die jahrzehntelange Segregationspolitik (Politik der Rassentrennung) verhinderte eine soziale Chancengleichheit. Die Auswirkungen sind bis heute zu beobachten: Das Durchschnittseinkommen einer schwarzen Familie liegt unter dem einer weißen; während Weiße vorwiegend „White collar jobs" (d. h. Arbeiten, bei denen man sich nicht schmutzig macht) ausüben, findet man die Schwarzen eher im Dienstleistungs-und Industriesektor. Obschon die Schwarzen im Kulturbereich (Popmusik, Film, Operngesang, Ballett etc.) und im Sport eine starke Stellung einnehmen, fanden sie bisher kaum Zugang zu leitenden Positionen in Wirtschaft und Politik.

Der Kampf um die Emanzipation der Schwarzen ist ein Stück amerikanischer Geschichte. Der Schwarze Booker T. Washington gründete schon 1881, also 16 Jahre nach der offiziellen Abschaffung der Sklaverei in den USA, das Tuskog-Institute, das Schwarze handwerklich schulen und so auf eine selbständige berufliche Laufbahn vorbereiten sollte. Er trat für eine gemäßigte Integration der Schwarzen ein, für ein schrittweises Aufeinanderzugehen der Rassen.

W. E. B. Du Bois dagegen wollte radikalere Reformen. 1895 wurde er als erster Schwarzer an der Harvard-Universität zum Doktor ernannt. 1905 gründete er eine Organisation, das „Niagara Movement", zur Emanzipation der Schwarzen. 1910 wurde die Vereinigung in die NAACP (Nationale Vereinigung für den Fortschritt der Farbigen) überführt. W. E. B. Du Bois hielt den Weg von Booker T. Washington für zu gemäßigt und meinte, daß dies nur zu neuerlicher Anpassung und Unterwerfung führen müsse. Du Bois forderte politische Macht für die Schwarzen, unablässigen Kampf für die Bürgerrechte und höhere Bildung für die schwarze Jugend. 1947 erhob die NAACP in Zusammenarbeit mit Du Bois formell Klage vor den Vereinten Nationen wegen Rassendiskriminierung in den USA. Zwar wurden den Schwarzen auf dem Papier geforderte Rechte zugestanden, aber in der Praxis blieben die alten Strukturen erhalten.

Da sich in den folgenden Jahren kaum etwas änderte, wurden die Aktivitäten der schwarzen Bürgerrechtler auch radikaler. Die bereits 1930 gegründeten „Black Muslims" fanden in Malcolm X Anfang der 60er Jahre einen charismatischen Redner. Die Black Muslims verstanden sich als religiös-kulturell orientierte Partei, die für die Rechte der schwarzen islamischen Bevölkerung notfalls auch gewaltsam eintreten wollte. Der islamische Glaube ist ein Erbe der aus Westafrika geraubten, in Amerika angesiedelten Sklaven, die nicht alle zum Christentum bekehrt wurden. Malcolm X wurde 1965 während einer Veranstaltung erschossen.

Neue Vereinigungen wurden ins Leben gerufen, um bestimmte Interessen zu vertreten, wo die Zeit dies verlangte. So hatten z.B. die Ende der 60er Jahre sich formierenden „Black Panthers" ein an linken Vorbildern orientiertes radikales Konzept erarbeitet, dessen Ziel nicht mehr Integration war, sondern Unabhängigkeit von den Institutionen (Gerichte, Behörden etc.) der Weißen.

Die Schwarzen in den USA sind im Kampf um die Gleichberechtigung ein großes Stück vorangekommen. Mehreren amerikanischen Großstädten stehen inzwischen Schwarze als Bürgermeister vor, und im Kampf um die Kandidatur zur Präsidentschaft im Jahr 1988 gab es auf der Seite der demokratischen Partei mit Jesse Jackson sogar einen schwarzen Bewerber. Das „Weiße Haus" in Washington ist jedoch noch immer vor allem „weiß", und noch immer gibt es viel zu tun, bis die Schwarzen in den USA wirklich frei und gleichberechtigt sind.

Frank von Berger

Martin Luther King jr.

Einen unbedingt gewaltfreien Kampf für die Rechte der Schwarzen propagierte der schwarze Baptistenpfarrer Martin Luther King jr. Mit einem Massenaufgebot bei Demonstrationen, vielen Einzelaktionen und Bürgerprotesten erreichte King, daß 1964 die Segregation an öffentlichen Plätzen aufgehoben wurde, d.h., daß Schwarze dieselben Nahverkehrsmittel benutzen und dieselben Kinos besuchen durften wie die Weißen. Im selben Jahr erhielt er den Friedensnobelpreis. 1968 fiel auch King einem Mordanschlag zum Opfer.

Als der Rechtsstreit die einzige Form der Aktivität war, nahm der gewöhnliche Neger als passiver Zuschauer daran teil. Sein Interesse wurde erregt, aber seine Energien blieben ungenutzt. Massenmärsche verwandelten den gewöhnlichen Mann in einen

Starschauspieler und verpflichteten ihn zum totalen Engagement. Trotzdem verursachte der gewaltlose Widerstand keine Zornesausbrüche – er hetzte nicht zum Aufstand auf – er beherrschte den Zorn und gab ihn unter Disziplin frei zur Erzielung der größten Wirkung. Was in den Parlamenten durch Lobbys und Eingaben nicht zu erreichen war, das brachten tausend Meilen entfernt marschierende Füße fertig. Als die SCLC (Southern Christian Leadership Conference) 1963 nach Birmingham ging, hatte sie die Absicht, diese Stadt zu verwandeln. Aber die Wirkung ihrer Kampagne war so weitreichend, daß Präsident Kennedy zu der Folgerung gezwungen war, daß ein Gesetz für die ganze Nation unerläßlich war; 1964 wurde das erste Bürgerrechtsgesetz von Bedeutung erlassen. Die gewaltlose Aktion hatte sich als der wirksamste Urheber des Wandels erwiesen, den die Bewegung gesehen hatte, und 1965 hatten alle Bürgerrechtsorganisationen sie zu ihrer Methode gemacht. (...)

Gewaltlosigkeit ist eine kraftvolle und gerechte Waffe. Sie ist eine Waffe sondergleichen in der Geschichte; sie schlägt, ohne zu verwunden, und sie adelt denjenigen, der sie führt. Sie ist tatsächlich ein heilendes Schwert. Sowohl als praktische Methode wie auch als moralische Antwort auf den Schrei des Negers nach Gerechtigkeit bewies die gewaltlose Direkt-Aktion, daß sie, ohne Kriege zu verlieren, Siege erringen konnte, und sie wurde dadurch zur ruhmvollen Taktik der Neger-Revolution von 1963.

Martin Luther King:
„Wohin führt unser Weg?"

Der Ku-Klux-Klan

Während der Sezessionskriege wurde die rassistische, antidemokratische und nationalistische Geheimorganisation des Ku-Klux-Klan in Tennessee gegründet. Ihre Mitglieder tragen eine weiße Kapuzentracht und bedienen sich grausamer Methoden, um ihre Ziele zu erreichen: die Vorherrschaft des weißen, christlichen amerikanischen Mittelstandes in den Vereinigten Staaten zu sichern und Schwarze, Juden, Intellektuelle und die Träger der städtischen Zivilisation soweit wie möglich zu unterdrücken.

Nachdem der Ku-Klux-Klan schon 1871 durch Bundesgesetze unterdrückt wurde, gründeten Fanatiker ihn 1915 in Georgia neu. Unter dem Symbol des Flammenkreuzes versammelten sich zur Zeit des Höhepunktes seiner Macht um 1925 fast 5 Millionen Mitglieder im Ku-Klux-Klan. 1960 erlebte der rechtsgerichtete Geheimbund eine Renaissance. Auch heute sympathisieren nicht wenige Amerikaner noch immer mit dem Ku-Klux-Klan.

Frank von Berger

Die Schwarzen und die Kunst

Die Schwarzen – insbesondere aus den USA – haben für die Kunst des 20. Jahrhunderts wesentliche Akzente gesetzt. Das gilt ebensosehr für die Musik wie auch für Literatur und Film.

Louis Armstrong.

Der Jazz ist mehr als siebzig Jahre alt. Er ist nicht in Afrika entstanden, aber es waren die Nachkommen der aus Afrika stammenden Schwarzen, die ihn in den USA „erfunden" haben. Der große, klassische Jazz wurde an vielfältigen und schwer zu lokalisierenden Orten geboren. Was man aber mit Sicherheit sagen kann, ist, daß der Jazz, bevor er reine Musik und Tanzmusik wurde, Gesang war, Rhythmus, Poesie und Religion.

Nach dem Ende des Sezessionskriegs sind freigelassene Schwarze von den Antillen gekommen, und ihre exotischen Rhythmen haben sich mit denen der New Orleansschen Musik verschmolzen. Andere Schwarze sind auf die Inseln der Karibik, nach Kuba oder in die lateinamerikanischen Länder gegangen. Später – in unseren Tagen – kehrten sie zurück und vermischten ihre afro-kubanischen Rhythmen mit dem modernen Jazz. (...)

Es ist das Englische, das es den Schwarzafrikanern ermöglicht hat, eine originale Sprache zu entwickeln, die die Basis des ursprünglichen Elements des Jazz bildet: den Swing. In der englischen Sprache werden die schwach betonten Silben eher verschluckt, während die betonten Silben stark akzentuiert werden. (...)

Die Spirituals scheinen von der dritten und vierten Generation der nach Nordamerika verschifften Sklaven, also gegen Ende des 18. Jahrhunderts, geschaffen worden zu sein. Ihre Schöpfer sind unbekannt. Die Gospelsongs dagegen sind wesentlich jünger: Die ersten wurden während der 20er und 30er Jahre unseres Jahrhunderts signiert. (...)

Bessie Smith.

Die Gospels sind rhythmischer und beschwörender und erinnern so an die afrikanische Tradition der „Gottesbesessenheit". Beide sind gewöhnlich gleichsam ein Dialog zwischen einem erleuchteten Prediger oder Gläubigen und der Zuhörerschaft oder einem organisierten Chor. Sie gehen gruppenweise in vier oder acht Takten vor, wobei jeder von ihnen ursprünglich im Viervierteltakt war. Entstanden waren sie in den Negergemeinden und wurden lange Zeit mündlich überliefert. In der Mitte des 19. Jahrhunderts begann man damit, sie zu sammeln und aufzuschreiben. Zahlreiche professionelle Chöre trugen die bewegendsten dieser Gesänge bald überall und auf relativ spektakuläre Weise vor. (...)

Lieder, die dem Blues ähnelten, gab es während der Sklaverei sicherlich: Die während der Arbeit gesungenen Lieder, die ersten Spirituals, die Fest- und Unterhaltungsmusiken besaßen alle, wenn auch nicht die Form, so doch die Klangfarbe des Blues.

André Francis

Seitdem am Anfang der 20er Jahre die ersten Blues auf Schallplatten aufgenommen und über Rundfunksender – zunächst spezielle Radiostationen von Schwarzen für Schwarze – Verbreitung fanden, wurde auch eine große Zahl von schwarzen Musikern dem weißen Publikum bekannt. So hatten in dieser Zeit Billie Holiday und Bessie Smith ihre großen Erfolge. Auch Louis „Satchmo" Armstrong legte damals den Grundstein zu seiner Karriere. In Europa war Josephine Baker der Paradiesvogel der Pariser Revuen, bis die Nazis den Jazz für einige Jahre aus den Musikhallen und dem öffentlichen Bewußtsein zu vertreiben versuchten.

Nie wurde die populäre Musik bisher so beeinflußt wie von den afro-

DIE SCHWARZEN UND DIE KUNST

John Lewis und Miles Davis.

amerikanischen Rhythmen. Das Spektrum reicht vom experimentellen Jazz eines Miles Davis über zahlreiche (inzwischen auch weiße) Rhythm'n'Blues-Interpreten wie z. B. Ray Charles bis hin zur aktuellen Soul- und Disco-Popmusik, wie sie von Tina Turner oder Michael Jackson vorgestellt wird. Auch die sogenannte „E-Musik" wurde durch den Jazz befruchtet. Der amerikanische Komponist George Gershwin (1898 – 1937) verarbeitete diese Rhythmen in der Oper „Porgy and Bess" zu einem Libretto von DuBose Heyward. Bei der Uraufführung am 30. September 1935 in Boston standen darin zum erstenmal ausschließlich schwarze Sänger in einem Musiktheater der Weißen auf der Bühne – im Publikum waren sie damals nicht zugelassen.

Frank von Berger

Die Schwarzen im Film

Das Kino hat bei der Förderung der Beziehungen zwischen Weißen und Schwarzen eine beträchtliche Rolle gespielt. Es hat den Durchbruch einer schwarzen Elite begünstigt, genauso wie der Hochleistungssport, der Jazz oder, jüngeren Datums, die großen klassischen Sängerinnen.

Der Schwarze im Film ist in den meisten Fällen ein Schauspieler, der die Rolle spielt, die eine weiße Gesellschaft „dem Neger" als Allgemeinplatz zugewiesen hat. Bereits die frühen Filme, in denen Schwarze mitspielten, legten die Rollen für die folgenden Jahrzehnte fest. David Warle Griffith, der ab 1908 als Regisseur zahlreiche Filme machte, gab in seinem berühmtesten Film „Geburt einer Nation" von 1915 eine so krasse und rassistische Karikatur des Schwarzen, daß es bei Aufführung des Films zu Protesten und Rassenkrawallen kam.

In der Geschichte einer edelmütigen Familie aus Südcarolina zeigt Griffith glücklich lebende Sklaven unter der wohlwollenden Autorität ihrer weißen Herren. Beim Ausbruch des Bürgerkrieges revoltieren die Schwarzen. Bald gibt es nur noch Ruinen, Plünderungen, Übergriffe aller Art. Es bedarf der Intervention einer Handvoll tapferer Ritter in Mönchskutten, um die Schwarzen wieder an ihren Platz zu verweisen und dem alten Süden die Ehre wiederzugeben.

Damit stellt Griffith die Geburt der Vereinigten Staaten der Geburt des Ku-Klux-Klans gleich. Selbst wenn man die Geisteshaltung der damaligen Zeit berücksichtigt, schießt Griffith weit über das Ziel hinaus.

„Geburt einer Nation", David Warle Griffith, 1915.

Aber das Wichtigste für die Geschichte des schwarzen Kinos ist, daß Griffith Stereotypen auf die Leinwand geholt hat, gegen die die afroamerikanischen Schauspieler allergrößte Mühe haben, sich zu wehren: den fröhlichen Sklaven, den Musikanten, den lächerlichen Trottel, die treue Amme, den Wilden, der, sobald er der zivilisierenden Vormundschaft des Weißen entkommt, in die Bestialität zurückfällt, der korrumpierte Mulatte, die mit ihrem Stand unzufriedene, sinnliche Mulattin, den ängstlichen und abergläubischen Neger, für den ein Bettuch und eine Mönchskutte ausreichen, um ihn in allergrößten Schrecken zu versetzen. (...)

Zur selben Zeit war ein anderes Stereotyp, wenn es auch mit den allerbesten Absichten produziert wurde, nicht weniger schädlich: Die Rede ist vom Helden aus „Onkel Toms Hütte", einem Bestseller, der allein zwischen 1903 und 1927 fünfmal verfilmt wurde.

Für das amerikanische Kino der Vorkriegszeit kann man sagen, daß die Schwarzen sich auf zwei Funktionen reduzieren: den Weißen zu dienen und sie zu zerstreuen. Dies sieht man sehr gut in „Cotton Club": Die Weißen sind im Saal, die Schwarzen in Haushalt und Küche. Der „Cotton Club" war ein Musiklokal in Harlem, in dem Jazz gespielt wurde. Der gleichnamige Film aus dem Jahr 1984 nutzt das Milieu zur Zeit der Prohibition und der Wirtschaftskrise, um daraus eine Kombination von Musical und Gangsterfilm zu machen.

Im Gegensatz zu weißen Schauspielern, die, wie Judy Garland, Doris Day oder Frank Sinatra, problemlos das Register wechseln konnten, sehen sich die schwarzen Schauspieler oft in ihre „Amusement"-Funktion eingeschlossen. Die meisten unter ihnen, wie Louis Armstrong („High Society", „Hello Dolly") oder Cab Caldway (auch in den „Blues Brothers") gelang es nicht, dem zugleich erhabenen und marginalen Status des Gaststars zu entkommen.

Auf der Seite der Diener war der Horizont ebenso versperrt. Man trug

DIE SCHWARZEN UND DIE KUNST

auf Anhieb ein Etikett. Es gab die törichte, keifende und immer aufgeregte Dienerin oder den faulen und furchtsamen Diener. Kaum höherwertig gab es Onkel Tom oder die beruhigende und treue Dienerin mit mütterlicher Figur.

Später warf man den Schwarzen das Bild vor, das sie, gegen ihren Willen, von ihrer Rasse gegeben haben.

Aber wie Hattie McDaniel, die schwarze Amme von Scarlett in dem 1939 gedrehten monumentalen Südstaaten-Epos „Vom Winde verweht" sagte: „Warum sollte ich mich beklagen, 7000 Dollar die Woche zu verdienen, wenn ich eine Dienerin spiele? Täte ich es nicht, würde ich sieben Dollar dafür verdienen, daß ich eine bin."

Einige Darsteller bemühten sich darum, ihren Rollen Kraft und Würde einzuhauchen: Rex Ingram (der Herr in „Grüne Weiden") oder Paul Robeson („Herrscher Jones"). Aber sie waren zu früh gekommen.

Sidney Poitier hingegen kam im rechten Moment. Nachdem Hitler-Deutschland besiegt war, hatten die Amerikaner einige Skrupel, sich offen rassistisch zu zeigen. Die Schwarzen ihrerseits hatten genug davon, sich als „guter Neger" dargestellt zu sehen, gerade gut genug, sich für seinen Herrn zu opfern, oder als „schlechten Neger", der zu nichts zu gebrauchen ist, außer dazu, Melonen zu essen, Hühner zu stehlen und die englische Sprache zu verunstalten.

Auf Anhieb gelangte Sidney Poitier in eine Domäne, die bisher den Weißen vorbehalten war: die Rolle des Arztes, des Psychiaters, des Lehrers, des Journalisten oder Detektivs.

Sidney Poitier in „In der Hitze der Nacht", Norman Jewison, 1968.

Poitier war intelligent, kultiviert und konnte sich bei Tisch benehmen. Für die Weißen repräsentierte Poitier den Schwarzen des guten Tons, den man unbesorgt nach Hause einladen konnte und dem man sogar, im äußersten Fall, wenn man wirklich sehr liberal war, die eigene Tochter zur Frau geben konnte, wie in dem Film „Rat mal, wer zum Essen kommt" von 1967. Für die aufstrebende schwarze Bourgeoisie war Poitier das erstrebenswerte Modell. Er war die Antithese der grotesken Trottel, die die Bildschirme überschwemmten. Er hatte die Werte des Weißen assimiliert und beherrschte sie. Mit ihm war der soziokulturelle Graben zwischen den beiden Gemeinschaften endlich zugeschüttet. Poitier war das fleischgewordene integrationistische Modell. (...)

Aber man befand sich am Ende der 60er Jahre. Die jungen Schwarzen waren von den Friedensmärschen desertiert, um die Ghettos in Brand zu stecken. Sie brauchten neue Vorbilder, näher an Malcolm X als an Martin Luther King. Sie wollten den starken und siegreichen Schwarzen. Wie Sidney Poitier kam auch Jim Brown zur rechten Zeit. Als ehemaliger Football-Champion polterte er mit seinen 1,90 m Größe, seinen 110 kg und 1,20 m Brustumfang über die Bildschirme. Sein Charisma und seine erstaunliche physische Präsenz erinnerten an die Rex Ingrams und Paul Robesons von früher. Er war stark, arrogant, Macho und setzte eine intensive Sexualität frei. Seine Filme enthielten im allgemeinen eine oder mehrere stürmische Liebesszenen: mit Raquel Welch („Die hundert Gewehre") oder Marianna Hill („El Condor"). Jim Brown fegte mit einem Handschlag drei Jahrhunderte der Demütigung vom Tisch. Er war der Held der separatistischen Ära, wie Poitier der Held der integrationistischen Epoche war. Und natürlich wurde auch er ein Klischee. Im Durchbruch, den der Ex-Fußballer gelassen hatte, strömten die neuen Helden des Ghettos mit schrillem Outfit und Funkyallüren: Shaft, der kugelsichere Zuhälter-Detektiv (Richard Roundtree), Superfly, der Kokaindealer (Ron O'Neal)...

Die Moral von der Geschichte: Vorurteile sind wie Unkraut. Reißt man eins aus, wachsen zehn nach. Man kann sie nicht ignorieren: Sie sind Teil unseres Unterbewußtseins. Die Lösung: ihren Standort bezeichnen und sie umkehren, um sie besser entschärfen zu können. Dies haben die neuen schwarzen Schauspieler wie Richard Pryor oder Eddy Murphey sehr gut verstanden.

Nachdem sie das Publikum auf ihre Seite gebracht hatten, konnten

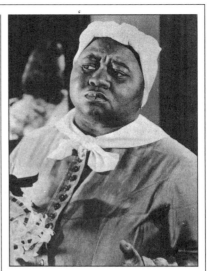

Hattie McDaniel in „Vom Winde verweht", Victor Fleming, 1939.

sie sich einige wüste Portraits ihrer Rassenbrüder leisten: Bauern, Zuhälter, Prediger, Black Panthers und Taschendiebe, in ihren Filmen findet man eine ganze kleine Welt à la Chester Himes. Die neuen schwarzen Schauspieler nehmen ihre ethnische Identität an, verleugnen nicht länger ihren Dialekt, und wenn die Weißen noch Schwierigkeiten haben, sie zu imitieren (Gene Wilder in „Transamerican Express"), haben sie keinerlei Mühe mehr, sie zu ersetzen („Ein Sessel für zwei"). Seitdem lacht man nicht mehr über sie, sondern mit ihnen. Weder unterwürfig noch arrogant, sind sie möglicherweise dabei, die große Schlacht für die Gleichheit durch Humor zu gewinnen.

Frank von Berger

Schwarze und Sklaven in der Literatur

Die Situation der Schwarzen – ob zur Zeit der Sklaverei oder als unterprivilegierte Minderheit – hat viele Künstler inspiriert. Ein großer Name aus der Literaturgeschichte möge dafür als Beispiel stehen: Harriet Beecher-Stowe, die „kleine Frau, die den Krieg gewann", wie sich Präsident Abraham Lincoln ausdrückte.

Auch in seinen literarischen Werken behandelte Johann Gottfried Herder das ihm sehr wichtige Thema der Sklaverei.

Die Frucht am Baume

Ich ging im schönsten Zedernhain
Und hörete der Vögel Lied,
Bewundernd ihrer Farben Glanz,
Bewundernd ihrer Bäume Pracht –
Als plötzlich aus der Höhe mich
Ein Ächzen weckte. Welch Gesicht! –

Ein Käfig hing am hohen Baum,
Umlagert von Raubvögeln, schwarz
Umwölket von Insekten. –

                     Als
Die Kugel meines Rohres sie
Verscheucht, sprach eine Stimme:
„Gib mir Wasser, Mensch! Es dürstet
mich." –

Ich sah den menschenwidrigsten
Anblick. Ein Neger, halb zerfleischt,
Zerbissen; schon ein Auge war
Ihm ausgehackt. Ein Wespenschwarm
An offnen Wunden sog aus ihm
Den letzten Saft. Ich schauderte.

Und sah umher. Da stand ein Rohr
Mit einem Kürbis, womit ihn
Barmherzig schon sein Freund gelabt.
Ich füllete den Kürbis. – „Ach!"
Rief jenes Ächzen wieder, *„Gift
Darein tun, Gift! du weißer Mann!
Ich kann nicht sterben."*

                     Zitternd reicht
Ich ihm den Wassertrank: „Wie lang,
O Unglücksel'ger, bist du hier?" –
*„Zwei Tage, und nicht sterben! Ach,
Die Vögel! Wespen! Schmerz! o Weh!"*

Ich eilte fort und fand das Haus
Des Herrn im Tanz, in heller Lust.
Und als ich nach dem Ächzenden
Behutsam fragte, höret ich,
Daß man dem Jünglinge die Braut
Verführen wollen und wie *er*,
Das nicht ertragend, sich gerächt.
Dafür dann büße nun sein Stolz
Die Keckheit und den Übermut.

„Und der Verführer?" fragt ich.
 „Trinkt
Dort an der Tafel."

               Schaudernd floh
Ich aus dem Saal zum Sterbenden.
Er war gestorben. – Hatte dich,
Unglücklicher, mein Trank zum Tode
Gestärket, o so gab ich dir
Das reichste, süßeste Geschenk.

          Johann Gottfried Herder:
             „Die Frucht am Baume"

Heinrich von Kleist (1777 – 1811) schrieb unter dem Eindruck der Sklavenrevolte auf Santo Domingo von 1796 die Novelle „Die Verlobung in St. Domingo", die 1811 veröffentlicht wurde.

Zu Port au Prince, auf dem französischen Anteil der Insel St. Domingo, lebte, zu Anfange dieses Jahrhunderts, als die Schwarzen die Weißen ermordeten, auf der Pflanzung des Herrn Guillaume von Villeneuve, ein fürchterlicher alter Neger, namens Congo Hoango. Dieser von der Goldküste von Afrika herstammende Mensch, der in seiner Jugend von treuer und rechtschaffener Gemütsart schien, war von seinem Herrn, weil er ihm einst auf einer Überfahrt nach Cuba das Leben gerettet hatte, mit unendlichen Wohltaten überhäuft worden. Nicht nur, daß Herr Guillaume ihm auf der Stelle seine Freiheit schenkte, und ihm, bei seiner Rückkehr nach St. Domingo, Haus und Hof anwies; er machte ihn sogar, einige Jahre darauf,

Schwarze Soldaten auf St. Domingo.

gegen die Gewohnheit des Landes, zum Aufseher seiner beträchtlichen Besitzung, und legte ihm, weil er nicht wieder heiraten wollte, an Weibes Statt eine alte Mulattin, namens Babekan, aus seiner Pflanzung bei, mit welcher er durch seine erste verstorbene Frau weitläufig verwandt war. Ja, als der Neger sein sechzigstes Jahr erreicht hatte, setzte er ihn mit einem ansehnlichen Gehalt in den Ruhestand und krönte seine Wohltaten noch damit, daß er ihm in seinem Vermächtnis sogar ein Legat auswarf; und doch konnten alle diese Beweise von Dankbarkeit Herrn Villeneuve vor der Wut dieses grimmigen Menschen nicht schützen. Congo Hoango war, bei dem allgemeinen Taumel der Rache, der auf die unbesonnenen Schritte des National-Konvents in diesen Pflanzungen auflodertet, einer der ersten, der die Büchse ergriff, und, eingedenk der Tyrannei, die ihn seinem Vaterlande entrissen hatte, seinem Herrn die Kugel durch den Kopf jagte. Er steckte das Haus, worein die Gemahlin desselben mit ihren drei Kindern und den übrigen Weißen der Niederlassung sich geflüchtet hatte, in Brand, verwüstete die ganze Pflanzung, worauf die Erben, die in Port au Prince wohnten, hätten Anspruch machen können, und zog, als sämtliche zur Besitzung gehörige Etablissements der Erde gleichgemacht waren, mit den Negern, die er versammelt und bewaffnet hatte, in der Nachbarschaft umher, um seinen Mitbrüdern in dem Kampfe gegen die Weißen beizustehen.

Heinrich von Kleist:
„Die Verlobung in St. Domingo"

Der deutsche Lyriker und Journalist Heinrich Heine (1797–1856) hat mit seiner spitzen Feder die Zustände auf einem Sklavenschiff sehr kenntnisreich beschrieben. Zynisch schildert er die menschenverachtende Weise, mit der die Weißen mit den Sklaven umgehen.

Das Sklavenschiff

1
Der Superkargo Mynher van Koek
Sitzt rechnend in seiner Kajüte;
Er kalkuliert der Ladung Betrag
Und die probabeln Profite.

„Der Gummi ist gut, der Pfeffer ist gut,
Dreihundert Säcke und Fässer;
Ich habe Goldstaub und Elfenbein –
Die schwarze Ware ist besser.

„Sechshundert Neger tauschte ich ein
Spottwohlfeil am Senegalflusse.
Das Fleisch ist hart, die Sehnen sind stramm,
Wie Eisen vom besten Gusse.

„Ich hab zum Tausche Branntewein,
Glasperlen und Stahlzeug gegeben;
Gewinne daran achthundert Prozent,
Bleibt mir die Hälfte am Leben.

„Bleiben mir Neger dreihundert nur
Im Hafen von Rio-Janeiro,
Zahlt dort mir hundert Dukaten per Stück
Das Haus Gonzales Perreiro."

Da plötzlich wird Mynher van Koek
Aus seinen Gedanken gerissen;
Der Schiffschirurgius tritt herein,
Der Doktor van der Smissen.

Das ist eine klapperdürre Figur,
Die Nase voll roter Warzen –
Nun, Wasserfeldscherer, ruft van Koek,
Wie gehts meinen lieben Schwarzen?

Der Doktor dankt der Nachfrage
    und spricht:
„Ich bin zu melden gekommen,
Daß heute Nacht die Sterblichkeit
Bedeutend zugenommen.

„Im Durchschnitt starben täglich zwei,
Doch heute starben sieben,
Vier Männer, drei Frauen – Ich hab
    den Verlust
Sogleich in die Kladde geschrieben.

„Ich inspizierte die Leichen genau;
Denn diese Schelme stellen
Sich manchmal tot, damit man sie
Hinabwirft in die Wellen.

„Ich nahm den Toten die Eisen ab;
Und wie ich gewöhnlich tue,
Ich ließ die Leichen werfen ins Meer
Des Morgens in der Fruhe.

„Es schossen alsbald hervor
    aus der Flut
Haifische, ganze Heere,
Sie lieben so sehr das Negerfleisch;
Das sind meine Pensionäre.

„Sie folgten unseres Schiffes Spur,
Seit wir verlassen die Küste;
Die Bestien wittern den Leichengeruch
Mit schnupperndem Fraßgelüste.

„Es ist possierlich anzusehn,
Wie sie nach den Toten schnappen!
Die faßt den Kopf, die faßt das Bein,
Die andern schlucken die Lappen.

„Ist alles verschlungen, dann
    tummeln sie sich
Vergnügt um des Schiffes Planken
Und glotzen mich an, als wollten sie
Sich für das Frühstück bedanken."

Doch seufzend fällt ihm in die Red
Van Koek: Wie kann ich lindern
Das Übel? wie kann ich die
    Progression
Der Sterblichkeit verhindern?

Der Doktor erwidert: „Durch
    eigne Schuld
Sind viele Schwarze gestorben;
Ihr schlechter Odem hat die Luft
Im Schiffsraum so sehr verdorben.

„Auch starben viele durch
    Melancholie,
Dieweil sie sich tödlich langweilen;
Durch etwas Luft, Musik und Tanz
Läßt sich die Krankheit heilen."

Da ruft van Koek: „Ein guter Rat!
Mein teurer Wasserfeldscherer
Ist klug wie Aristoteles,
Des Alexanders Lehrer.

„Der Präsident der Sozietät
Der Tulpenveredlung im Delfte
Ist sehr gescheit, doch hat er nicht
Von Eurem Verstande die Hälfte.

„Musik! Musik! Die Schwarzen solln
Hier auf dem Verdecke tanzen.
Und wer sich beim Hopsen
    nicht amüsiert,
Den soll die Peitsche kuranzen."

2

Hoch aus dem blauen Himmelszelt
Viel tausend Sterne schauen,
Sehnsüchtig glänzend, groß und klug,
Wie Augen von schönen Frauen.

Sie blicken hinunter in das Meer,
Das weithin überzogen
Mit phosphorstrahlendem Purpurduft;
Wollüstig girren die Wogen.

Kein Segel flattert am Sklavenschiff,
Es liegt wie abgetakelt;
Doch schimmern Laternen auf
    dem Verdeck,
Wo Tanzmusik spektakelt.

Die Fiedel streicht der Steuermann,
Der Koch, der spielt die Flöte,
Ein Schiffsjung schlägt die
    Trommel dazu,
Der Doktor bläst die Trompete.

Wohl hundert Neger, Männer
    und Fraun,
Sie jauchzen und hopsen und kreisen
Wie toll herum; bei jedem Sprung
Taktmäßig klirren die Eisen.

Sie stampfen den Boden mit
    tobender Lust,
Und manche schwarze Schöne
Umschlingt wollüstig den nackten
    Genoß –
Dazwischen ächzende Töne.

Der Büttel ist maître des plaisirs,
Und hat mit Peitschenhieben
Die lässigen Tänzer stimuliert,
Zum Frohsinn angetrieben.

Und Dideldumdei und
    Schnedderedeng!
Der Lärm lockt aus den Tiefen
Die Ungetüme der Wasserwelt,
Die dort blödsinnig schliefen.

Schlaftrunken kommen
    geschwommen heran
Haifische, viele hundert;
Sie glotzen nach dem Schiff hinauf,
Sie sind verdutzt, verwundert.

Sie merken, daß die Frühstückstund
Noch nicht gekommen, und gähnen,
Aufsperrend den Rachen; die
    Kiefer sind
Bepflanzt mit Sägezähnen.

Und Dideldumdei und
    Schnedderedeng –
Es nehmen kein Ende die Tänze.
Die Haifische beißen vor Ungeduld
Sich selber in die Schwänze.

Ich glaube, sie lieben nicht die Musik,
Wie viele von ihrem Gelichter.
Trau keiner Bestie, die nicht liebt
Musik! sagt Albions großer Dichter.

Und Schnedderedeng und
    Dideldumdei –
Die Tänze nehmen kein Ende.
Am Fockmast steht Mynher van Koek
Und faltet betend die Hände:

„Um Christi willen verschone, o Herr,
Das Leben der schwarzen Sünder!
Erzürnten sie dich, so weißt du ja,
Sie sind so dumm wie die Rinder.

„Verschone ihr Leben um Christi willn,
Der für uns alle gestorben!
Denn bleiben mir nicht
    dreihundert Stück,
So ist mein Geschäft verdorben."

Heinrich Heine:
„Das Sklavenschiff"

Frederick Douglass, der um das Jahr 1818 geboren wurde, trat nach seiner Freilassung aktiv für die Rechte der Schwarzen ein, indem er öffentliche Versammlungen organisierte, Reden hielt – und seine Autobiographie veröffentlichte.

Ich wurde in Tuckahoe bei Hillsborough geboren, das ungefähr zwölf Meilen von Easton entfernt in Talbot County, Maryland, liegt. Ich weiß nicht, wie alt ich genau bin, ich habe nämlich nie eine Geburtsurkunde gesehen, aus der mein Alter hätte hervorgehen können. (...)

Ich habe zwei Herren gehabt. Mein erster Herr hieß Anthony. Ich weiß seinen Vornamen nicht mehr. Allgemein wurde er Captain Anthony genannt – den Titel hatte er sich, glaube ich, dadurch erworben, daß er ein kleines Handelsschiff auf der Chesapeake Bay segelte. Er galt nicht als reicher Sklavenhalter. Er besaß zwei oder drei Farmen und ungefähr dreißig Sklaven. Seine Farmen und Sklaven unterstanden einem Aufseher. Der Aufseher hieß Plummer. Mr. Plummer war ein elendiger Trunkenbold, der stets die gottlosesten Flüche im Munde führte, und ganz allgemein eine wilde Bestie von Mensch. Er war immer mit einer Lederpeitsche und einem schweren Prügel bewaffnet. Ich wußte von ihm, daß er Frauen so furchtbar mit der Peitsche auf den Kopf schlug, daß sogar dem Herrn seine Grausamkeit zuviel war und der ihn selbst auszupeitschen drohte, wenn er sich nicht stärker zusammennehme. Der Herr war selbst allerdings keineswegs ein humaner Sklavenhalter. Es bedurfte einer außergewöhnlichen Barbarei seitens eines Aufsehers,

Werbeplakat für Wäschestärke. Die Schwarzen werden noch weit bis ins 20. Jahrhundert in ihren „angestammten" Tätigkeiten, wie z. B. als Diener, dargestellt.

um sein Herz zu bewegen. Er war grausam, durch ein langes Leben als Sklavenhalter hart geworden. Einen Sklaven auszupeitschen schien ihm zuzeiten geradezu Vergnügen zu bereiten. Ich wachte oft bei Morgengrauen von den herzzerreißenden Schreien einer meiner Tanten auf, die er an einen Querbalken zu fesseln pflegte und der er dann den bloßen Rücken so lange mit der Peitsche bearbeitete, bis sie buchstäblich am ganzen Körper mit Blut bedeckt war. Keine Worte, keine Tränen, keine Gebete seines blutüberströmten Opfers schienen sein eisernes Herz von seinem blutigen Vorhaben abbringen zu können. Je lauter sie schrie, desto heftiger peitschte er auf sie ein; und wo das meiste Blut floß, da schlug er am längsten zu. Er peitschte, um sie zum Schreien zu bringen, und peitschte, um sie zum Schweigen zu bringen, und erst, wenn die Müdigkeit ihn übermannte, hörte er auf, die mit Blutklumpen besetzte Lederpeitsche zu schwingen. (...)

Meine Herrin war eine freundliche und warmherzige Frau; und in der Einfachheit ihres Herzens behandelte sie mich anfangs, als ich neu zu ihr kam, so, wie nach ihrem Verständnis menschliche Wesen einander behandeln sollten. Als sie sich langsam in die Pflichten einer Sklavenhalterin hineinfand, schien ihr noch nicht bewußt zu sein, daß ich in der Beziehung eines Stückes Vieh zu ihr stand und es für sie nicht nur ein Fehler, sondern auch gefährlich war, mich wie ein menschliches Wesen zu behandeln. Es zeigte sich, daß die Sklaverei bei ihr ebensoviel Schaden anrichtete wie bei mir. Als ich dort ankam, war sie eine fromme, liebevolle und warmherzige Frau. Keine Sorge und kein Leid gab es, für das sie keine mitfühlende Träne übrig hatte. Sie hatte Brot für die Hungernden, Kleidung für die Nackten und für jeden Trauernden in ihrem Umkreis Trost. Die Sklaverei bewies bald ihre Macht, sie dieser himmlischen Eigenschaften zu berauben. Unter ihrem Einfluß wurde ihr warmes Herz zu einem Stein, und ihr Wesen, so sanft wie ein Lamm, wandelte sich zu tigerhafter Wildheit.

„Die Lebensgeschichte des Frederick Douglass."

Die Erzählung „Benito Cereno" des amerikanischen Schriftstellers Herman Melville (1819 – 1891) bezieht sich auf eine reale Sklavenrevolte, die sich im Dezember 1804 auf dem Sklavenschiff „Tryal" unter Kapitän Don Benito Cereno vor der südamerikanischen Küste ereignet hatte. Der Kapitän des Schiffes „Perseverance", Amaso Delano, befreite den von den aufständischen Sklaven gefangengenommenen Don Benito und seine Mannschaft und schrieb für die Gerichtsverhandlung einen Bericht über den Vorfall, den Melville sich zum Vorbild für seine 1840 veröffentlichte Erzählung nahm.

Am siebenten Tag nach der Ausreise, drei Uhr morgens, als die Spanier sämtlich schliefen, mit Ausnahme der beiden wachhabenden Offiziere (...) sowie des Rudergängers und seines Jungen, hätten die Neger unvermutet gemeutert, den Bootsmann und den Zimmermann gefährlich verwundet und der Reihe nach achtzehn von den an Deck schlafenden Mann getötet, teils mit Handspaken und Äxten, teils indem sie sie gebunden lebendig über Bord warfen. Von den an Deck befindlichen Spaniern hätten sie, wie Zeuge vermutet, sieben deshalb in gefesseltem Zustand am Leben gelassen, weil sie sie zur Lenkung des Schiffs brauchten; drei oder vier weitere, die sich verborgen hielten, seien gleichfalls verschont geblieben. Während des Aufstandes hätten sich die Neger zwar in den Besitz der Hauptluke gesetzt; doch sei's sechs oder sieben Verwundeten dennoch gelungen, ungehindert zum Verbandsplatz durchzukommen. Andererseits hätten während des Aufstands der

Das Joe King Oliver Orchestra in San Francisco, 1921.

Steuermann und eine weitere Person, auf deren Namen sich der Zeuge nicht mehr besinnt, den Versuch unternommen, durch die Luke nach oben zu gelangen; sie seien dabei alsbald verwundet worden und hätten sich in die Kajüte zurückziehen müssen. Bei Tagesanbruch habe sodann er, der Zeuge, sich entschlossen, über den Niedergang das Verdeck zu erreichen; er sei dort auf den Neger Babo gestoßen, der als Rädelsführer gewirkt habe, sowie auf dessen Gehilfen Atufal und habe zu den beiden gesprochen und sie ermahnt, keine weiteren Scheußlichkeiten dieser Art zu verüben, wobei er die Frage an sie richtete, was sie wünschten und zu tun gedächten, und sich seinerseits erbot, ihren Anweisungen zu gehorchen. Dessenungeachtet hätten sie, in seiner Gegenwart, drei Männer, in gefesseltem Zustand, lebendig über Bord geworfen. Ihm, dem Zeugen, hätten sie bedeutet, er möge nach oben kommen, sie würden sein Leben schonen. Als er willfahrte, habe der Neger Babo ihn gefragt, ob sich in jenen Meeresgegenden irgendwelche Negerländer befänden, wohin er sie führen könne, und er habe geantwortet: Nein. Der Neger Babo habe ihn späterhin aufgefordert, sie nach dem Senegal oder nach der benachbarten Inselgruppe St. Nicholas zu bringen.

Herman Melville: *„Benito Cereno"*

SCHWARZE UND SKLAVEN IN DER LITERATUR 165

Für den Roman „Onkel Toms Hütte", der 1852 in den USA erschien und sich deutlich gegen die Sklaverei richtete, hatte die Autorin Harriet Beecher-Stowe lange und gründlich die Situation der Negersklaven am Vorabend des Bürgerkriegs recherchiert. Der Roman schlug wie eine Bombe ein und beeinflußte auch später noch Generationen junger Leser.

Nun hatte es sich gefügt, daß Eliza, als sie sich der Tür näherte, genug von der Unterhaltung aufgefangen hatte, um zu verstehen, daß der Händler ihrem Herrn ein Angebot gemacht hatte. Sie hätte beim Hinausgehen gerne an der Tür gelauscht, aber da ihre Herrin rief, hatte sie weitereilen müssen. Doch es war ihr, als hätte der Händler ein Angebot auf ihren Buben gemacht, oder irrte sie sich? Ihr Herz schlug schwer, und unwillkürlich preßte sie den Knaben so fest an sich, daß er erstaunt zu ihr aufsah.

„Eliza, Mädchen, hast du Kummer?" fragte ihre Herrin, als sie den Waschständer umgeworfen und den Stickrahmen zerbrochen hatte und schließlich ihrer Herrin geistesabwesend ein langes Nachthemd statt des geforderten seidenen Kleides aus dem Schrank holte.

Eliza fuhr auf. „Oh, gnädige Frau!" sagte sie und schlug flehend die Augen auf, dann, in Tränen ausbrechend, setzte sie sich auf einen Stuhl.

„Aber Eliza, was ist denn los?"

„Oh, gnädige Frau! Im Wohnzimmer hat ein Händler mit dem gnädigen Herrn gesprochen. Ich habe ihn gehört."

„Nun, du dummes Kind, was ist dabei?"

„Oh, gnädige Frau, glaubt Ihr, der gnädige Herr wird meinen Harry verkaufen?" Und das arme Geschöpf brach in Schluchzen aus.

„Ihn verkaufen? Nein, du Dummerchen! Du weißt doch, der gnädige Herr wird sich niemals mit den südlichen Händlern einlassen; solange seine Leute sich gut aufführen, wird er sie nicht verkaufen. Und wer sollte deinen Harry kaufen wollen, du törichtes Kind? Denkst du wirklich, alle Welt ist so vernarrt in ihn wie du? Komm, sei wieder vergnügt und hake mir mein Kleid zu. So ist es recht, und nun lege mir das Haar am Hinterkopf in die hübschen Flechten, wie du es neulich gelernt hast. Das ist gescheiter als das Horchen an der Tür."

„Ja, aber gnädige Frau, Ihr würdet niemals Eure Einwilligung geben, wenn sie wirklich...?"

„Unsinn, Kind. Ich würde nicht daran denken. Dann könnte ich ebensogut meine eigenen Kinder verkaufen. Wirklich, Eliza, du bist zu stolz auf den kleinen Kerl. Ein Mann braucht nur seine Nase in die Tür zu stecken, und schon bildest du dir ein, er will das Kind kaufen."

Dieser zuversichtliche Ton beruhigte Eliza, so daß sie sich flink und geschickt an die Toilette ihrer Herrin machte und schließlich selbst über ihre Angst lachte.

Harriet Beecher-Stowe:
„Onkel Toms Hütte"

„Onkel Toms Hütte", William Robert Daly, 1914.

In dem Roman „Roots" erzählt der amerikanische Autor Alex Haley die Geschichte von Kunta Kinte, seinem Urahn, der aus Afrika nach Amerika verschleppt wurde. Haley hat, bevor er mit der Niederschrift von „Roots" begann, detailliert recherchiert und konnte dadurch tatsächlich die eigene Herkunft bis nach Afrika zurückverfolgen. Am Beispiel eines Einzelschicksals wird hier die ganze Grausamkeit der Sklaverei deutlich.

Als er sich hinhockte, um wieder einen Stamm auf seine Brauchbarkeit zu prüfen, hörte er einen Zweig knacken, und über ihm flog schimpfend ein Papagei auf. Da kam wohl der Hund endlich zurück? Aber ein erwachsener Hund tritt nicht auf Zweige, daß sie knacken! Kunta blickte argwöhnisch um sich; da sah er bereits ein bleiches Gesicht auf sich zukommen, sah einen erhobenen Knüppel und hörte schwere Schritte hinter sich: *toubob!* Er trat den bleichen Menschen in den schwammigen Leib, er hörte ihn ächzen, doch streifte in diesem Moment etwas seinen Kopf und traf den Stamm, an dem er stand. Kunta fuhr vor Schmerz zusammen, er drehte sich blitzschnell und kehrte dabei dem, der sich von seinem Tritt am Boden krümmte, den Rücken. Er ging auf zwei schwarze Männer los, die ihm einen großen Sack überwerfen wollten. Ein zweiter *toubob* holte indessen mit dem Knüppel aus, traf Kunta aber nicht, denn der wich diesmal dem Schlag aus. (...)

Nun aber trafen die Knüppel der Schwarzen Kunta am Kopf und streckten ihn nieder, und der *toubob* riß sich los. Mit schier berstendem Kopf, blind von rinnendem Blut und Schweiß, rasend vor Zorn über die eigene Schwäche, bäumte Kunta sich brüllend auf und schlug blindlings um sich. Er kämpfte um mehr als sein Leben, es ging auch um Binta, Omoro, Lamin, Suwadu, Madi! Der schwere Knüttel des *toubob* traf ihn an der Schläfe, und alles wurde dunkel.

Kunta erwachte nackt, angekettet, zwischen zwei Männern auf dem Rücken liegend, in pechschwarzem Dunkel, das erfüllt war von Gestank und dampfender Hitze, von Schreien, Weinen, Beten und Kotzen. Er roch das eigene Erbrochene auf Brust und Bauch. Von den Schlägen, die er in den vier Tagen seiner Gefangenschaft erhalten hatte, schmerzte sein ganzer Körper. Doch am schlimmsten schmerzte es zwischen den Schulterblättern, wo er mit dem glühenden Eisen gebrandmarkt worden war.

Der dicke, pelzige Leib einer Ratte streifte seine Wange, eine haarige Schnauze beschnüffelte seinen Mund. Vor Abscheu zitternd, schnappte Kunta verzweifelt mit den Zähnen, und die Ratte huschte davon. Zornig zerrte und riß Kunta an den Ketten, die Hand- und Fußgelenke fesselten, und löste eine heftige Reaktion derer aus, an die er gefesselt war. Wütend und gepeinigt fuhr er in die Höhe und stieß mit dem Kopf an Holz, genau da, wo ihn der Knüttel des *toubob* im Wald getroffen hatte. Keuchend und knurrend schlugen er und der unsichtbare Mann neben ihm Ketten aneinander, bis beide vor Erschöpfung zurücksanken. Kunta spürte, daß er wieder erbrechen mußte, und wollte widerstehen, vermochte es aber nicht. Sein schon leerer Magen preßte eine dünne, säuerliche Flüssigkeit hervor, die ihm seitwärts aus dem Mundwinkel rann. Am liebsten wäre er gestorben.

Er sagte sich, daß er nicht noch einmal die Beherrschung verlieren dürfe, wenn er Kraft und Verstand bewahren wollte. Als er sich wieder bewegen konnte, betastete er vorsichtig mit der linken Hand das gefesselte rechte Hand- und Fußgelenk. Beide bluteten. Er zog behutsam an der Kette; sie schien mit dem linken Hand- und Fußgelenk des Mannes rechts von ihm verbunden zu sein. Zu seiner Linken stöhnte jemand ununterbrochen. Sie lagen so dicht beieinander, daß sich Schultern, Arme und Beine berührten, wenn einer von ihnen sich ein wenig bewegte.

Vorsichtig richtete Kunta sich noch einmal auf, doch zum Aufrechtsitzen war nicht genug Platz. Die Decke war niedrig. Hinter seinem Kopf war eine Holzwand. Ihm fiel ein, daß er vor vielen Regen im *jujuo* auch längere Zeit mit verbundenen Augen im Dunkeln hatte sitzen müssen, und bei dieser Erinnerung hätte er fast geweint. Statt dessen zwang er sich, auf das Schreien und Stöhnen rings um sich her zu lauschen. Offenbar lagen viele Menschen in dieser Finsternis, manche näher, manche weiter weg, manche neben ihm, manche vor ihm, aber alle in demselben Raum, wenn es ein Raum war. Als er noch angestrengter lauschte, nahm er gedämpfte Schreie wahr, die von irgendwo unter ihm kommen mußten.

Genauer hinhörend, begann er verschiedene Sprachen zu unterscheiden. Ein Fulani rief immer und immer wieder auf arabisch: „Allah im Himmel, hilf mir!", und ein Serere schien mit heiserer Stimme die Namen seiner Angehörigen herzusagen. Doch vor allem hörte Kunta Mandinkas, die in der Geheimsprache der Männer allen *toubobs* blutige Rache schworen. Die Schreie der anderen klangen so verzerrt, daß er keine Wörter unterscheiden konnte, doch war zu erkennen, daß nicht alle Männer aus Gambia stammten.

Während Kunta lauschend dalag, merkte er, daß sein Darm sich entleeren wollte, und das ließ sich jetzt, nach Tagen, nicht mehr unterdrücken. Warm quoll der Darminhalt zwischen den Hinterbacken hervor. Von sich selbst angewidert, den eigenen Gestank in der Nase, begann Kunta zu schluchzen, und wiederum mußte er erbrechen. Diesmal kam nur etwas Speichel. Für welche Sünden wurde er so bestraft? Er flehte Allah um eine Antwort an. Es war Sünde, daß er nicht ein einziges Mal gebetet hatte, seit er in den Wald gegangen war, um Holz für seine Trommel zu holen. Weil er weder niederknien konnte noch wußte, wo Osten war, schloß er, wo er lag, die Augen und bat Allah um Vergebung. (...)

„Frisch aus dem Urwald!" Der Ausrufer stand auf einem niedrigen Podest, umringt von unzähligen gaffenden *toubobs*, deren Geruch Kunta unangenehm in die Nase stieg. (...) Der Ausrufer musterte Kunta und seine Gefährten von Kopf bis Fuß und stieß ihnen dabei den Griff seiner Peitsche in den Bauch. Dazu rief er: „Schlau wie die Affen! Können zu allem abgerichtet werden!" Dann wollte er Kunta zu seinem Podest stoßen, doch Kunta konnte sich nicht rühren. Er stand zitternd da, von allen Sinnen im Stich gelassen. Der Peitschenstiel traf sein wundes Gesäß, und er taumelte vorwärts, fast besinnungslos vor Schmerzen. Der *toubob* befestigte das freie Ende seiner Kette an einem eisernen Ring.

„Erste Wahl – jung und geschmeidig!" rief der *toubob*. Kunta war vor Entsetzen so betäubt, daß er kaum wahrnahm, wie man sich um ihn drängte. Man zog ihm die Lippen auseinander, um sein Gebiß zu begutachten, und betastete ihn mit bloßen Händen unter den Achselhöhlen, an Rücken und Brust, sogar die Geschlechtsteile. Die ihn so begutachtet hatten, traten nun zurück und riefen abwechselnd:

„Dreihundert Dollar!... Dreifünfzig!" Der ausrufende *toubob* lachte geringschätzig. „Fünfhundert!... sechs!" Der Ausrufer schrie verächtlich: „Das ist ein ganz junger Nigger, ein Prachtexemplar! Sagt da jemand siebenfünfzig?"

„Siebenfünfzig!" rief jemand.

Er wiederholte den Zuruf nochmals und rief dann: „Acht!", bis einer aus der Menge das gleiche Wort zurückrief. Schon rief ein anderer: „Achtfünfzig!"

Dabei blieb es. Der Ausrufer machte Kuntas Kette los und hielt sie einem *toubob* hin, der durch die Menge näherkam.

Alex Haley: *„Roots"*

# Glossar

Asiento (span.= Sitz, Lage): Vertrag, vor allem im 16. bis 18. Jahrhundert, zwischen der spanischen Krone und einem Partner, der dadurch ein wirtschaftliches Monopol für eine befristete Zeit überlassen bekam. Im afrikanischen Sklavenhandel gab es sogenannte „asientos de negros", Lizenzen auf Sklavenexporte nach Amerika.

Bleiche: Kurz vor der Ankunft in Amerika und dem Verkauf auf den Sklavenmärkten wurden die von der Überfahrt erschöpften und zum Teil verletzten oder kranken Sklaven einige Tage besonders sorgfältig behandelt, damit Wunden heilen und körperliche Mängel überdeckt werden konnten.

Block: Um auch weniger kräftige, alte oder verkrüppelte Sklaven verkaufen zu können, die, hätte man sie einzeln zum Verkauf angeboten, sicher nicht gekauft worden wären, stellte man gute und weniger gute Sklaven in „Blöcken" zusammen, die nur komplett verkauft wurden.

Dreieckshandel: Um eine möglichst hohe Gewinnspanne zu erzielen, fuhr ein Schiff von Europa nach Afrika, wo es billige europäische Waren gegen Sklaven, Gold, Elfenbein und Gewürze eintauschte. Von Afrika fuhr das Schiff nicht erst nach Europa zurück, sondern direkt nach Amerika, wo die Sklaven gegen Kaffee, Baumwolle und Zucker eingetauscht wurden. Mit dieser Fracht kehrte das Schiff schließlich in seinen europäischen Heimathafen zurück.

Kaurischnecken: Die Kauri ist eine im südlichen Pazifik beheimatete Seeschneckenart. Ihr unverwechselbares Gehäuse, das von Ozeanien bis nach Westafrika gehandelt wird, dient als Wertmesser für Handelswaren, vergleichbar unserem Münzgeld. Der Besitz vieler Kauris, die auch als Schmuck getragen werden, ist Ausdruck von hohem Sozialprestige.

König: In Westafrika regiert bis in die heutige Zeit oft ein König den Staat. Die Bevölkerung ist in Adel, Krieger, Bauern und Sklaven hierarchisch gegliedert. Afrikanische Könige haben ebenso einen Hofstaat und einen Palast wie europäische Könige des Absolutismus. Manche Könige sind zugleich oberste Priester oder werden als direkte Nachkommen eines göttlichen Ahnen verehrt, was ihre Autorität und ihre Würde noch steigert.

Konföderation (lat.= Bündnis): Die von den USA abgefallenen Südstaaten verbündeten sich 1860/61 zur Konföderation der Staaten von Amerika und führten gegen die in der Union verbliebenen Nordstaaten den Sezessionskrieg mit dem Ziel der völligen Abspaltung von den USA. Durch den Zusammenbruch und die militärische Niederlage wurde die Konföderation im Jahr 1865 bei Appomattox beendet.

Konvention (lat.= Zusammenkunft, Übereinkunft): Im Völkerrecht bedeutet eine Konvention soviel wie ein internationales Abkommen oder ein Vertrag, an den alle Vertragspartner gebunden sind.

Latifundien (Plural von Latifundium, aus lat. latus = breit und fundus = Grundstück): Seit der Antike Bezeichnung für das Land eines Großgrundbesitzers, das durch abhängige Kleinbauern bewirtschaftet wird.

Merkantilismus: (lat. mercari = Handel treiben) Um den wirtschaftlichen Wohlstand des eigenen Landes zu steigern, bedienten sich die Staaten zwischen dem 16. und dem 18. Jahrhundert – besonders die absolutistischen Staaten – des Prinzips des Merkantilismus. Dabei wurde die gewerbliche Produktion des Inlandes gesteigert (Industrialisierung), der Binnen- und der Außenhandel aktiviert (Abbau von Zunft- und Handelsbeschränkungen) und das gesamte Wirtschaftsleben durch Eingriffe des Staates gelenkt und geregelt. Eine der negativen Folgen ist die Vernachlässigung der Landwirtschaft, eine andere die Ausbeutung der Kolonien.

Sezessionskrieg: Der amerikanische Bürgerkrieg (1861–1865). Bedingt durch die unterschiedliche Wirtschafts- und Sozialstruktur des Südens (hauptsächlich landwirtschaftliche Produktion) und des Nordens (Industrieproduktion) kam es zu Konflikten, die mit der Wahl Abraham Lincolns zum Präsidenten der USA schließlich in der Sklavenfrage kulminierten. Die Südstaaten traten aus der Union mit den Nordstaaten aus und gründeten 1861 die „Konföderierten Staaten von Amerika" (s. „Konföderation"). Die Nordstaaten beharrten auf der Unauflöslichkeit der Union. Es kam zu einem zermürbenden Krieg, bei dem sich 22 Millionen Nordstaatler und 5,5 Millionen weiße Südstaatler, die außerdem ihre Sklaven zum Kampf zwangen, gegenüberstanden. Der Krieg endete mit der Kapitulation der letzten konföderierten Truppen am 26. Mai 1865. Die Wirtschafts- und Sozialstruktur des Südens war nach dem Krieg zerstört und eröffnete damit dem Norden die Chance, im Süden einen beschleunigten Ausbau der Industrie, des Finanzwesens und der Verkehrsverbindungen voranzutreiben. Mit dem Ende des Krieges endete auch das Zeitalter der Sklaverei, wenn auch die Schwarzen dadurch nicht zu gleichberechtigten Bürgern der USA wurden.

tatauieren (ursprünglich polynesisch von tatau = Zeichen, Malerei): Durch Einstiche mit Nadeln wird Farbstoff unter die Haut gebracht. Vor allem in Polynesien und Mikronesien ist diese Methode üblich. Eine Narbentatauierung entsteht, wenn die Wundheilung verzögert wird, was zu Schmucknarben führt (vor allem in Afrika, Australien und Melanesien verbreitete Methode). Die Kennzeichnung mit dem Brandeisen zählt zu den Narbentatauierungen, auch wenn sie von den Sklaven sicher nicht als „Schmuck" angesehen wurde.

terra incognita: Die Übersetzung dieses lateinischen Ausdrucks bedeutet „unbekanntes Land" und wurde auf alle Gebiete angewendet, die noch nicht bekannt (wie der Kontinent Australien) oder nicht erforscht (wie das Innere Afrikas oder Südamerikas) waren.

Yavogan: Hoher Minister des Königs im alten Dahomey (Benin), das früher auch Sklavenküste genannt wurde.

Kleine Auswahl der weiterführenden Literatur

Dem Thema entsprechend ist der wichtigste Teil der Publikationen über die Sklaverei in englischer Sprache erschienen. Um dem deutschsprachigen Leser trotzdem die Möglichkeit zu bieten, sein Wissen den eigenen Interessensschwerpunkten gemäß zu vertiefen, werden hier einzelne Bücher genannt, in deren Anhang meistens weitere (auch fremdsprachige) Literaturhinweise zu finden sind.

Willi Paul Adams (Hrsg.): Die Vereinigten Staaten von Amerika. Frankfurt 1977

James Baldwin: Hundert Jahre Freiheit ohne Gleichberechtigung oder The Fire Next Time. Reinbek 1964

Mary Benson: Nelson Mandela. Die Hoffnung Südafrikas. Reinbek 1986

B. A. Botkin: Die Stimme des Negers. Befreite Sklaven erzählen. Hamburg 1963

Volkhard Brandes: Black Brother. Die Bedeutung Afrikas für den Freiheitskampf des schwarzen Amerika. Frankfurt 1971

Stokeley Carmichael und Ch. V. Hamilton: Black Power. Die Politik der Befreiung in Amerika. Stuttgart 1968

Basil Davidson: Afrika. Geschichte eines Erdteils. Frankfurt 1977

Ders.: Vom Sklavenhandel zur Kolonisierung. Reinbek 1966

Georg Elwert: Wirtschaft und Herrschaft von Dahomey im 18. Jahrhundert. Ökonomie des Sklavenraubs und Gesellschaftsstruktur 1724 bis 1818. München 1973

Frantz Fanon: Die Verdammten dieser Erde. Reinbek 1969

John Hope Franklin: Negro. Die Geschichte der Schwarzen in den USA. Frankfurt/Berlin/Wien 1983

Gilberto Freyre: Herrenhaus und Sklavenhütte. Ein Bild der brasilianischen Gesellschaft. Stuttgart 1982

Martin Luther King jr.: Warum wir nicht warten können. Wien und Düsseldorf 1964

Joseph Ki-Zerbo: Die Geschichte Schwarzafrikas. Wuppertal 1979

Heinrich Loth: Sklaverei. Die Geschichte des Sklavenhandels zwischen Afrika und Amerika. Wuppertal 1981

Gert von Paczensky: Die Weißen kommen. Die wahre Geschichte des Kolonialismus. Hamburg 1970

Werner Peukert: Der atlantische Sklavenhandel von Dahome 1740 bis 1797. Wiesbaden 1978

Bernd Rüster: Rassenbeziehungen in den USA. Darmstadt und Neuwied 1973

C. Schuler: Black Panther. Zur Konsolidierung des Klassenkampfes in den USA. München 1969

Günter Verheugen: Apartheid. Südafrika und die deutschen Interessen im Kap. Köln 1986

Ruth Weiss und Hannelore Oesterle: Mandelas zornige Erben. Kampf um die Macht in Südafrika. Wuppertal 1987

Verwendete Literatur

Pruneau de Pommegorge: Beschreibung der Negerschaft (1789). Übersetzung: Bettina Wiengarn. © Ravensburger Buchverlag

Christian Degn: Die Schimmelmanns. © Karl Wachholz Verlag, Neumünster

George O. Rugland: Chattanooga Gazette, 5. Oktober 1852. Übersetzung: Frank von Berger. © Ravensburger Buchverlag

Aus dem Code noir. Übersetzung: Bettina Wiengarn. © Ravensburger Buchverlag

Charles-Louis de Montesquieu: Von der Versklavung der Neger, aus: Vom Geist der Gesetze. © H. Laupp'sche Buchhandlung, Tübingen 1951

Voltaire: Candide. © 1971 Philipp Reclam jun. GmbH & Co., Stuttgart

Jean-Jacques Rousseau: Die Sklaverei, aus: Politische Schriften, Band 1. Übersetzung von Ludwig Schmidts. Verlag Ferdinand Schöningh, Paderborn 1977

Alexis de Tocqueville, Über die Demokratie in Amerika

Karl Marx/Friedrich Engels, Begriffslexikon

John Stuart Mill: Betrachtungen über die repräsentative Demokratie. Übersetzung von Hannelore Irle Dietrich. Verlag Ferdinand Schöningh, Paderborn 1971

Johann Gottfried Herder: Briefe zur Beförderung der Humanität

Alfons Paquet: Die Aufzeichnungen von John Woolman

Martin Luther King, jr.: Wohin führt unser Weg? © 1967 Harper & Row. Übersetzung: Hildegard Jany. © 1968 Econ Verlag, Düsseldorf/Wien

ANMERKUNGEN 171

André Francis, Originalbeitrag für die französische Ausgabe. © 1986. Übersetzung: Bettina Wiengarn.
© Ravensburger Buchverlag
Johann Gottfried Herder: Die Frucht am Baume.
Heinrich von Kleist. Die Verlobung in St. Domingo
Heinrich Heine: Das Sklavenschiff
Frederick Douglass, Das Leben des Fred. Douglass als Sklave in Amerika. © der Übersetzung: Lamuv Verlag GmbH, Göttingen
Herman Melville: Benito Cereno, aus Billy Budd u. a. Geschichten. Aus dem Engl. v. W. E. Süskind. © der Übersetzung: Claassen Verlag GmbH, Düsseldorf
Harriet Beecher-Stowe: Onkel Toms Hütte
Alex Haley: Wurzeln, aus: Roots. © 1976 by Alex Haley. Deutsche Ausgabe. © S. Fischer Verlag GmbH, Frankfurt am Main 1977

Bildnachweise

Umschlag
Deckblatt und Buchrücken: Die Trennung. Gemälde, 19. Jh. Barcelona.
Rückseite: Schwarze Waschfrauen. Anonymer Stich. Paris, Bibliothèque nationale.

Bildvorspann
1–10 Illustrationen von Edward Mortelmans.
Haupttitel: Amerikanische Karikatur vom Juni 1793 über die Sklavenfreilassung auf den Antillen. Paris, Bibliothèque nationale.

Erstes Kapitel
14 Negersklavenhandel. Stich, Ende 17. Jh. Paris, Musée national des arts africains et océaniens.
15 Handel mit Schwarzen in Nordguinea. Anonymer Stich, 19. Jh. Paris, Bibliothèque nationale.
16 Cantigas Alfonson X El Sabio. Spanisches Manuskript, 13. Jh. Madrid, Biblioteca del Escurial.
17 (links) Die Anbetung der Heiligen Drei Könige (Ausschnitt). Gemälde von Albrecht Dürer, 1504. Florenz, Galleria degli Uffizi.
17 (rechts) Negersklave mit auf dem Rücken zusammengebundenen Händen. Hellenistische Bronzestatuette (Höhe 13 cm) aus dem Fajjum (Ägypten). Paris, Musée du Louvre.
18/19 Sklavenmarkt in Algier. Holländischer Stich, 1684. Paris, Bibliothèque des arts décoratifs.
20 (oben) Die alte Kolonialplantage. Anonymes Aquarell, Ende 19. Jh. Williamsburg, Virginia, Rockefeller Folk Art Center.
20 (unten) Edelsteinwäsche. Stich von Juliao. Rio de Janeiro, Biblioteca nacional.

Zweites Kapitel
22 Sklavenhändler in Gorée (Senegal). Stich in: Jacques Grasset de Saint-Sauveur, Les Costumes des peuples, 1796. Paris, Bibl. des arts décoratifs.
23 Plantage in Brasilien. Deutscher Stich, 18. Jh. Paris, Bibliothèque nationale.
24 (unten) Adam und Eva. In: Jean-Baptiste du Tertre, Histoire générale des Antilles habitées par les François, 1667–1671. Paris, Bibliothèque nationale.
24/25 Botanische Tafeln. Ebd.
26/27 Die Reise der „Marie Séraphique". Originalillustration von Jame's Prunier.
28 (rechts) Das Schokoladenfrühstück (Ausschnitt). Gemälde von Pietro Longhi (1702–1785). Venedig, Ca' Rezzonico.
28 (links) Kaffeepflanze. Anonymer Stich, Anfang 19. Jh. Paris, Musée des arts décoratifs.
29 (oben) Sklavenkontor in Gorée (Senegal). Aquarell, 1839. Paris, Gallimard.
29 (unten) Tabakplantage in Kuba. Stich, Mitte 19. Jh. Paris, Bibliothèque nationale.
30/31 Spanier und Sklaven. Stich von Théodore de Bry (1561–1623). Paris, Bibliothèque nationale.

Drittes Kapitel
32 Ansicht des Cap Français und des Schiffes „Marie Séraphique" aus Nantes. Anonymes Aquarell mit handgeschriebener Liste der transportierten Sklaven, 18. Jh. Nantes, Musée des Salorges.
33 Hafen von Brest, unterer Schiffsteil im Bau. Stich von Ozanne, 18. Jh. Paris, Bibliothèque nationale.
34/35 Negerhandel. Anonymer Stich, Ende 18. Jh. Paris, Musée national des arts africains et océaniens.
35 (rechts) Jean-Baptiste Terrier aus Nantes mit einem kleinen Negerjungen. Aquarell, 18. Jh. Nantes, Musée des Salorges.
36/37 Art und Weise, wie die Mauren Sklaven fangen. Stich in: J. Grasset de Saint-Sauveur, a.a.O.
37 (rechts) Monsieur Dubern aus Nantes. Bildnis, hergestellt mit handgeschriebener Liste (Instrument zum mechanischen Zeichnen von Portraits). Nantes, Musée des Salorges.
38 (links) Uniformen auf der „Royale": der Schiffszimmermann, Aquarell von Thomas Row, 1799. Greenwich, National Maritime Museum.
38 (rechts) Der Matrose. Ebd.
39 (links) Der Zahlmeister. Ebd.
39 (rechts) Der Koch. Ebd.
40/41 Ankunft von Zucker und Rum aus Ostindien im Londoner Hafen. Gemälde. London, British Museum.
43 Die großen Sektoren des Sklavenhandels. Originalillustration von Jame's Prunier.
44 Alkemy, König von Guinea. Anonymer Stich, 17. Jh. Paris, Bibliothèque nationale.
45 (oben) Stoffetzen für den Negersklavenhandel. Nantes, Musée des Salorges.
45 (Mitte) Gewehr mit Ladestock für den Afrikahandel, hergestellt in Liège. Ebd.
45 (Mitte) Säbel, signiert „Cassaignard à Nantes", für den Afrikahandel. Ebd.
45 (unten) Handelswaren, Kette aus Glasperlen, harten Steinen und verschiedenen Geldstücken. Ebd.
46/47 (oben) Sklavenkarawane im Senegal. Stich von 1814. Paris, Bibliothèque de l'Arsenal.

172 ANMERKUNGEN

46/47 (unten) Cape Coast Castle. Stich von J. Clarck.
48 Sklavenhändler im Kongo. Anonymer Stich von 1811. Paris, Bibliothèque des arts décoratifs.
49 Fesseln für die Sklaven (Ausschnitt). Lithographie von Charles Philibert Lasteyries du Saillant (1759–1849). Nantes, Musée des Salorges.
50 (oben) Negersklaven auf dem Marsch. Anonymer Stich von 1811. Paris, Bibliothèque nationale.
50 (unten) Sklavenfang. Anonymer Stich, 19. Jh.
51 Versklavte Gefangene in Zentralafrika. Aus: John S. Robertson, The Life and Explorations of David Livingstone, 1886.
52/53 Die Sklaven von Coimbra. Stich von Emile Antoine Bayard (1837–1891).
54 (oben) Hütte für die Sklaven. Anonymer Stich, 19. Jh.
54/55 Sklavenmarkt in Westafrika. Anonymer Stich von 1835.
55 (oben) Ein Negersoldat in den portugiesischen Gebieten führt einen Sklaven. Lithographie nach einer Zeichnung von Douville. Paris, Bibliothèque nationale.

Viertes Kapitel
56 Die Sklaven werden auf dem Weg nach Westindien zum Tanzen gezwungen. Anonymer Stich, 19. Jh.
57 Die Art, wie die Sklaven zusammengepfercht sind. Anonymer Stich von 1857.
58/59 Plan des Zweimasters „Ouragan". Paris, Musée de la Marine.
60/61 Art, wie man die Sklaven auf dem Sklavenschiff „Brooks" zusammenpferchte. Anonymer Stich, 18. Jh. Paris, Bibliothèque nationale.
61 (unten) Aquarell aus dem Brief, den Bernardin de Saint-Pierre am 29.4.1769 an den Präsidenten der Société de la Morale chrétienne von Port-Louis (Ile-de-France) richtete. Paris, Bibliothèque de l'Arsenal.
62/63 Der Laderaum der Sklaven. Gemälde vom Innenraum des Sklavenschiffes „The Albany", gemalt nach der Kaperung des Schiffes durch die „Albatros". Mailand, IGDA Archive.
64/65 (oben) Herablassen der Sklaven in den Laderaum. Anonymer Stich, 19. Jh.
65 (unten) Fessel, um die Sklaven anzuketten. Nantes, Musée des Salorges.
66 Markierung einer Sklavin mit einem glühenden Eisen. Anonymer Stich.
67 Yamswurzel. In: François de Mussac, Flore des Antilles, 1808. Paris, Bibliothèque nationale.
68/69 Aufruhr an Bord. Anonymer Stich, 19. Jh. Ebd.
70 (oben) Ankündigung eines Sklavenverkaufs an Bord des Schiffes „Bance-Island". Anonymer Stich. Paris, Sammlung PPP.
70 (unten) Sklaven zu verkaufen, Szene aus New Orleans. Anonymer Stich von 1861. Paris, Bibliothèque des arts décoratifs.

71 (links unten) Ein Händler begutachtet einen Sklaven bei einer Versteigerung in Virginia. Anonymer Stich, 19. Jh. Ebd.
71 (rechts unten) Ein junger Schwarzer kündigt eine Versteigerung an. Anonymer Stich, 19. Jh. Paris, Bibliothèque nationale.
72 (links) Abrechnung eines Sklavenhändlers in La Rochelle, 22. Juni 1856. Paris, Société des Missions évangéliques.
72 (rechts) Sklavenverkauf in Virginia. Anonymer Stich von 1861.
73 Sklavenverkauf, anonymer Stich, 19. Jh.
74/75 Sklavenmarkt. Gemälde von Charles Taylor, 1852. New York, Bettman Archive.

Fünftes Kapitel
76 Schwarzer Landarbeiter auf einer Baumwollplantage. Kolorierter Stich. Ebd.
77 Indigo. Kolorierte Zeichnung von Charles Plumier, 1688. Paris, Bibliothèque nationale.
78/79 Unter den Augen des Aufsehers arbeitende Sklaven. Illustration zu dem Volkslied „The black man's lament". Anonymer Stich, 19. Jh.
80/81 Zehn Ansichten von Antigua: Die Zuckermühle von außen. Lithographie von William Clarck, 1823. London, British Museum.
82/83 Das Innere der Brennerei. Ebd.
84/85 (oben) Sklaven stechen die Fässer an, damit der Plantagenbesitzer den Alkoholgehalt kontrollieren kann. Ebd.
84/85 (unten) Der Hof einer Brennerei. Ebd.
86 Baumwollernte in Georgia. Anonymer Stich, um 1875.
87 (oben) Baumwollplantage im Süden der USA. Anonymer Stich von 1860.
87 (unten) Baumwollverarbeitung in Georgia. Anonymer Stich von 1875.
88/89 Eine Baumwollplantage am Mississippi. Gemälde von W. Walker, 1853. Paris, Edimédia.
90 Kaffeernte in Costa Rica. Anonym. Stich, 19. Jh.
91 Freigelassener Neger in Guyana, der geflohene Sklaven jagt. Italienische Lithographie, um 1825. Paris, Bibliothèque des arts décoratifs.
92/93 Kaffeernte. Anonyme Lithographie, 19. Jh. Madrid, Privatsammlung.
94 Halsfessel, eine Züchtigung für bereits einmal entflohene Sklaven. Ebd.
94/95 Behandlung der Sklaven in Brasilien. In: J.-B. Debret, Voyage pittoresque et historique au Brésil, 1834. Paris, Bibliothèque nationale.
96 (oben) Mißhandlung der schwarzen Sklaven auf einer Plantage in Surinam. Italienischer Stich, um 1825. Paris, Bibliothèque des arts décoratifs.
96 (unten) Bestrafte Sklaven. In: Captn. John Gabriel Stedman, Narrative of a Five Year's Expedition Against the Revolted Negroes of Surinam in Guiana, London 1796. Paris, Bibliothèque nationale.
96/97 Mißhandlung der schwarzen Sklaven in Surinam. Holländischer Stich, um 1825. Paris, Bibliothèque des arts décoratifs.

ANMERKUNGEN

98/99 Bestrafung von Sklaven auf einer Zuckerrohrplantage in Brasilien. Anonymer Stich von 1845.
100 Das Diner. In: J.-B. Debret, a.a.O.
101 Ein Angestellter der Verwaltung geht mit seiner Familie aus. Ebd.
102 Volkstrachten: eine Mulattin aus Martinique, begleitet von ihrer Sklavin. Stich von Jacques Grasset de Saint-Sauveur, 1804. Paris, Bibliothèque nationale.
103 (oben) Schwarze Waschfrauen. Anonymer Stich, 19. Jh. Paris, Bibliothèque nationale.
103 (unten) Sklavenmarkt in Richmond, Virginia. Gemälde v. Eyre Crowe, 1853. Paris, Collection PPP.

Sechstes Kapitel
104 Moi Libre. Stich, Antillen 1794. Paris, Bibliothèque des arts décoratifs.
105 Faksimile des Holzschnittes auf den Bekanntmachungen, die den Findern von entlaufenen Sklaven eine Belohnung versprachen. Paris, Edimédia.
106 Toussaint Louverture. Anonymer Stich, Anfang 19. Jh. Paris, Bibliothèque nationale.
106/107 Aufstand der Schwarzen in Santo Domingo. Stich von 1791. Paris, Musée Carnavalet.
107 (rechts) Aufstand der Neger in Jamaica 1759. Lithographie nach Le Jeune. Paris, Bibliothèque nationale.
108 Durchquerung eines Sumpfes. In: Captn. John Gabriel Stedman, a.a.O.
109 (oben) Le code noir. In: Bernardin de Saint-Pierre, Voyage à l'Ile-de-France, Amsterdam 1773. Paris, Bibliothèque nationale.
109 (unten) Fliehende Neger. Gemälde von Eastman Johnson, 1860.
110 The Liberator Zeitung gegen die Sklaverei, Ausgabe vom 28. Mai 1831.
110/111 Sklaven feiern ihre Freilassung auf Barbados. Stich von 1833.
111 (rechts) Victor Schoelcher. Lithographie von Lavigne. Paris, Musée Carnavalet.
112/113 Das Sklavenschiff „Faludo Uracan" wird von dem englischen Dampfschiff „Gaules" verfolgt. Gemälde. Barcelona, Museo Marítimo.

Siebtes Kapitel
114 Abschaffung der Sklaverei auf der Reunionsinsel am 20. Dezember 1848. Gemälde, 19. Jh. Paris, Musée national des artsafricains et océaniens.
115 Allegorie der Verwandtschaft der Rassen. Stich von 1792. Paris, Musée Carnavalet.
116/117 Die freigelassenen Sklaven tragen im Triumph das von Präsident Lincoln erlassene Freiheitsdekret. Anonymer Stich, 19. Jh.
118 (oben) Die Schlacht von Gettysburg. Gemälde von George F. A. Healy (1808–94). Paris, Collection PPP.
118 (unten) General Shermans Marsch zum Meer. Gemälde von George P. A. Healy, 1865. Ebd.
119 Sezessionskrieg. Gemälde, 19. Jh. Ebd.
120/121 Wahlveranstaltung, von der die Neger ausgeschlossen sind. Gemälde, 19. Jh. Ebd.

122/123 (oben) Freie Negerinnen, die von ihrer Arbeit leben. In: J.-B. Debret, a.a.O.
122/123 (unten) Tanz der Neger auf der Insel Santo Domingo. Stich von Augustin Brunais, Ende 18. Jh. Paris, Bibliothèque des arts décoratifs.
124 Illustrierte Unabhängigkeitserklärung. Stich, 19. Jh.
125 (oben) Amerikanische Karikatur vom Juni 1793 über die Sklavenbefreiung auf den Antillen. Paris, Bibliothèque nationale.
125 unten Die Helden der schwarzen Rasse. Stich, 19. Jh.
126/127 Aufhebung der Sklaverei am 27. April 1848. Gemälde von François-Auguste Biard (1798/99–1882). Paris, Edimédia.
128 Die Freiheit regiert. Lithographie gegen die Sklaverei auf den Antillen.

Zeugnisse und Dokumente
129 Versteigerung in den USA. Stich, 19. Jh.
131 Sklavenkarawane in Afrika an der Grenze von Nigeria und Niger, 1972. Foto: Camera Press, London.
132 Fliehende Sklaven in den USA. Foto von 1862. Paris, Gallimard.
134 Versteigerung in den USA. Anonymer Stich, 19. Jh.
137 Charles de Montesquieu. Stich, 18. Jh.
138 François Marie Arouet de Voltaire vor Friedrich II. von Preußen. Stich, 18. Jh.
139 Jean-Jacques Rousseau. Stich, 18. Jh.
140 Alexis de Tocqueville. Stich, 18. Jh.
143 Karl Marx. Stich, 19. Jh.
144 John Stuart Mill. Stich, 19. Jh.
146 Johann Gottfried Herder. Stich, 18. Jh.
149 Martin Luther King, jr. © dpa, Hamburg.
150 Versammlung von Mitgliedern des Ku-Klux-Klans, Nordcarolina, 1952. Foto: Magnum, Paris.
151 Louis Armstrong. Foto: Collection PPP, Paris.
152 Bessie Smith. © Joachim-Ernst Berendt.
153 John Lewis und Miles Davis. © Joachim-Ernst Berendt.
154 Geburt einer Nation, Griffith, USA 1915. Foto: Cinémathèque française, Paris.
155 Sidney Poitier in „In der Hitze der Nacht". Foto: Gallimard, Paris.
156 Hattie McDaniel in „Vom Winde verweht", Flemings, USA 1939. Foto: Ebd.
157 Bronzestatuette eines Mohrendieners. (18. Jh.?) Paris, Gallimard.
158 Neger von der Insel Santo Domingo. Anonymer Stich. Paris, Bibliothèque nationale.
162 Werbung für Wäschestärke. Farblithographie. New York, Historical Society.
164 Das Orchester von Joe King Oliver, San Francisco, 1921. Foto: Collection PPP, Paris.
166 Onkel Toms Hütte, William Robert Daly, USA 1914. Foto: Gallimard, Paris.

Register

Abolition Society 147
Abschaffung der Sklaverei 110 f., 116 f., 122, 140, 146 f.
Afrika 15, 21, 24, 28, 30, 35, 45 f., 49, 77, 122, 125, 130 ff., 137
Agenten 78
Ägypter 16, 87
Algier 18
Alkémy, König 45
Al Mina 47
Amerika 15, 21, 25, 30 f., 49, 53, 66, 78, 115, 132, 134, 137, 140
Angola 27 f., 36
Antike 16, 30, 37
Antillen 20, 31, 70 f., 77, 90 f., 105, 108, 111, 151
Apartheid 126
Arawak-Indianer 20
Armstrong, L. 151 f., 154
Asiento-Verträge 35
Atlantik 30, 57
Aufklärung 137
Aufseher 78, 86, 91, 99
Ausgangssperre 91
Auspeitschung 95, 97, 99
Auswanderer 24
Azoren 21

Baker, J. 152
Balthasar 16
Baltikum 30
Barbados 107
barracoons 55
Baumwollanbau 75
Baumwolle 28, 35, 77, 86 ff., 144
Baumwollpflanze 86 f.
Beaumont, G. de 140
Beecher-Stowe, H. 108, 157, 165
Belgien 21
Black Muslims 148 f.
Black Panthers 149
Bleiche 71
Blues 152
Bluthunde 91, 135
Bosman, W. 66
Brasilien 20, 23, 27, 30, 108, 122 f.
Brenneisen 63, 73, 95, 97
Brigg 59
Brown, J. 156

Caldway, C. 154
Cape Coast Castle 47
Chateaubriand, F. R. V. de 35
China 124
Christentum 36, 149
Clarkson, Th. 147
code noir 109, 117, 130, 135

Colbert, J. B. 109, 135
Compagnie française des Indes 36
Conneau, Th. 61
Conquistadores 31
Constant, B. 113

Dahomey 42
Dakar 23, 28, 42, 132
Dänemark 27, 122
Davis, M. 153
Dessalines, J. J. 107
Deutschland 21
Domestike 101
Douglass, F. 162
Dreieckshandel 27 ff., 31, 33
Du Bois, W. E. B. 148
Dubern, M. 37
Dürer, A. 16

Eaton, C. 89
Ebenholz-Handel 27, 55, 65, 122
Edler Wilder 139
Edwards, B. 81
Elfenbein 21, 30
Elfenbeinküste 36, 42
England 21, 27, 122
Entmannung 97
Epidemien 24, 49, 68, 71, 103
Eunus, Sklavenaufstand 18
Europa 28, 30, 35, 90, 137

Fernando Poo 21
Flucht 108
Frankreich 21, 27, 34, 36, 107, 112, 122, 126
Franzosen 24, 36
Friedrich II. 138
Frischwasserversorgung 67
Frossard, B. 99

Galeerensklaven 19
Gambia 42
Gandhi, M. 149
Geburtenrate der Sklaven 103
Genua 16, 19
Gershwin, G. 153
Ghana 36, 42
Glasperlen 28
Gold 21, 31
Goldküste 36, 42
Gorée 28
Gospelsongs 151
Grenville, W. W. 110
Griechen 17
Griechenland 16
Griffith, D. W. 153 f.
Guinea 21, 45, 125, 133
Gummi 30
Guyana 24, 105, 107 ff., 124

Haiti 33, 125
Haley, A. 166
Halseisen 94
Haussa 20, 108
Haussklaven 100 f., 103, 130
Heilige Drei Könige 16
Heine, H. 159
Herder, J. G. 146, 157
Holland 21, 27

Indianer 24, 31, 78
Indien 77
Indigo 28, 77
Indischer Ozean 30
Indonesien 124
Industrialisierung 143
Italien 21

Jackson, J. 149
Jamaica 81, 108, 125
Jazz 125, 151 ff.
Jemen 90
Jochstange 47

Kaffee 28, 30 f., 77, 90 ff., 132
Kaffeekirsche 90, 93
Kakao 28, 132
Kamerun 36
Kanarische Inseln 21
Kapitalismus 143
Karibik 24, 151
Karthager 16
Katholizismus 135
Kaurimuscheln 30
Kennedy, J. F. 150
King, M. L. 127, 149 f.
Kleist, H. von 158
Kolonialwaren 28
Kolonien 21, 28, 30, 115, 117, 132
Kolumbien 30
Kolumbus, Ch. 23
Kongo 42, 130
König 42, 45, 49
Kopfgeldjäger 91
Krankheiten 46, 78, 103
Kriegssklaven 130
Ku-Klux-Klan 150, 153

Ladekapazität, Sklavenschiff 67
La Réunion 105, 115
Latifundien 16
Leibeigene 18, 21
Lendenschurz 73, 123
Libyen 19
Lincoln, A. 113, 119, 125, 157
Livorno 19
Logbuch 42
Louverture, D. D. T. 106 f.
Louvre 17
Ludwig XIV. 19, 135

REGISTER

Madeira 21
Malcolm X 149, 156
Malta 19
Marokko 19
Martin, G. 69
Marx, K. 143 f.
Massenflucht 90
Mauretanien 21, 36, 122
McDaniel, H. 155 f.
Mehrwertlehre 143
Melasse 83, 85
Melville, H. 163
Menschenjagd 51, 108
Mérimée, P. 13, 69
Merkantilismus 21, 31
Merowingerzeit 21
Mexiko 30
Michelet, J. 89
Mill, J. St. 144 f.
Mississippi 89, 125
Mittelalter 16, 21, 125
Montesquieu, Ch. de 137 f.
Moslems 19
Mozambique 36

NACP 148
Nantes 33, 49, 68
Napoleon 105, 107, 122
Neger 21, 138, 141, 153, 155
Negersklavenhandel 23 ff., 28, 125
Niagara Movement 148
Niger 131
Nigeria 36, 42, 131
Nordstaaten 117

Palmares 109
Palmerston, Lord H. 53
Patter rollers 91
Peru 30
Pfeffer 21
Pflanzer 73, 78, 85, 100 f., 110, 122, 124
Pflanzeraristokratie 89
Philips, Kapitän 65
pieza de Indias 37
Plantagen 21, 35, 70, 77 ff., 86 ff., 90 ff., 107, 117
Poitier, S. 155
Pommegorge, P. de 133
Portugal 27, 112
Portugiesen 21, 23 f.
Preis eines Sklaven 72
Principe 21
Protestation of Germantown 115

Quäker 115, 146
Quarantäne 71

Rassentrennungspolitik 148
Rassenverschiedenheit 141
Rassismus 126
Reis 28, 77
Revolte 68 f., 105 ff.
Rom 16
Römer 17
Römisches Reich 16
Rousseau, J.-J. 35, 139 f.
Rum 83, 85
Rußland 18

Sahara 16, 18, 42, 46
Saint Pierre, B. de 30
Samba 125
Sansibar 112
Santo Domingo 35, 90, 97, 107, 123, 158
Saudi-Arabien 122
Schiffsarzt 63
Schiffsmannschaft 38 f.
Schoelcher, V. 111
Schokolade 28
Schuldsklaverei 17, 130
Schwarzafrika 16, 36
Schweden 27
Scott, D. 110
Segregationspolitik 148 f.
Senegal 21, 23, 42
Sezessionskrieg 110, 116, 119, 150 f.
Sharp, G. 147
Sierra Leone 36, 42
Sklaven(handels)schiff 15, 33 f., 37, 39, 41 f., 49, 55, 57 ff., 66 f., 71 f., 112 f.
Sklaven, christliche 19
– schwarze 15 ff., 20
– weiße 18
Sklavenauffrischung 71
Sklavenfänger 134
Sklavengesetze 109
Sklavenhaltergesellschaft 17, 144
Sklavenhandelsverbot 59, 110 f., 117, 122, 132
Sklavenhändler 34 ff., 59, 112 f., 125
Sklavenjagd 36
Sklavenkarawane 46, 49, 53, 131
Sklavenkinder 100
Sklavenkontor 28, 46, 55
Sklavenküste 42, 46
Sklavenmarkt 18, 46, 55, 75, 112, 117, 134
Sklavenrevolte 68, 105 ff., 163
Sklaventransporte 49, 59, 61
Sklavenumschlagplatz 19, 131
Sklavenunterbringung 66
Sklavenverkauf 70, 72 f.
Sklavenzucht 103
Sklavereikommission d. UN 122
Skorbut 46, 67

Smith, A. 143
Smith, B. 152
Spanien 27, 31, 112
Spanier 21, 24, 107
Spartacus-Aufstand 18
Spirituals 125, 151
Stedman, J. G. 108
Strafen 95, 97
Südafrika 127
Südamerika 24
Südstaaten 86, 106, 117, 119, 121
Sumerer 16
Surinam 108 f., 124, 138
Swing 151

Tabak 28, 77
Tamango 3 ff., 69
tatauieren 66
Tauschwaren 28, 33, 41, 45
Tertre, J.-B. du 25
Tocqueville, A. de 140 f., 143
Togo 36
Trinidad 124 f.
Turner, N. 107
Tuskog-Institut 148

UN 122, 148
Underground-Railway 108 f.
USA 71, 86, 103, 107, 109 f., 116 f., 125, 127, 143 f., 146, 148 ff.

Venedig 16
Venezuela 30
Vereinigte Staaten von Amerika s. USA
Versklavung 140
Verstümmelungen 97
Vertrag von Aachen 110
Vesey, D. 107
Vitamin-C-Mangel 67
Völkerverschleppung 21
Voltaire 28, 35, 138

Washington, B.T. 148
Westafrika 130 ff., 149
Westindien 28
Wiener Kongreß 110
Wilberforce, W. 110, 147
Woolman, J. 146

Yavogan 45
Yoruba 20, 108

Zucker 21, 28, 30, 77 ff., 81 ff., 137
Zuckermühle 25, 78 f., 81
Zuckerraffinerie 83, 85
Zuckerrohr 21, 23, 25, 124
Zwangsarbeit 25, 117

Inhalt

- 13 Erstes Kapitel: Die Anfänge des Sklavenhandels
- 23 Zweites Kapitel: Auf dem Weg zum Negersklavenhandel
- 33 Drittes Kapitel: Der afrikanische Handel
- 57 Viertes Kapitel: Die Schrecken der Überfahrt
- 77 Fünftes Kapitel: In den Plantagen
- 105 Sechstes Kapitel: Drang nach Freiheit
- 115 Siebtes Kapitel: Das Ende der Sklaverei?

- 129 Zeugnisse und Dokumente
- 130 Der Sklave, Handelsware und Besitz
- 137 Die Philosophen und die Sklaverei
- 148 Die Schwarzen in den USA heute
- 151 Die Schwarzen und die Kunst
- 157 Schwarze und Sklaven in der Literatur

- 169 Anmerkungen
- 174 Register